ゴルフ上達の早道

——基本の繰り返しで速攻100切り!!

長谷部道明
Michiaki Hasebe

メトロポリタン新書

はじめに

ゴルフはとても難しい、でもとても楽しいスポーツです。

初めてすぐナイスショットする人は稀で、ほとんどの人は芯に当たらない。いや、フェースにすら当たらない人もいるでしょう。年数を重ねて練習して、少しずつ当たるようになってきますが、それでもダフリやトップなどに悩まされます。

それがまず一番にゴルフの難しいところだと思います。次にゴルフの難しいところは、練習場とゴルフ場の違いです。

ゴルフ練習場はほとんどが人工芝の平らな所で打ちますが、ゴルフ場は生きている芝の上、斜面もあり、バンカーもあり、なかなか練習場のようにうまく打たせてはくれません。結果、スコアが悪くなります。

一方、ナイスショットが増えてくると、とても気持ち良く、楽しくなります。狙った所にボールを運べるようになり、スコアが良くなってきます。

では、ナイスショットを打つにはどうしたらよいか。練習しかありません。しかもしっかりとナイスショットを打つための基本練習です。基本をしっかりおさえておけば、スコア80台まではいけます。

私は17歳でゴルフを始め、22歳でゴルフ場の研修生となりプロを目指しました。その頃はラウンド数のおかげで良いスコアも出ていましたが、決して上手ではありませんでした。その後、ティーチングプロとなり13年、たくさんのゴルフ愛好者に関わってきましたが、研修生の頃よりも今が一番上手だと自分で思っています。

何故でしょうか。基本を練習したからです。教えるのに自分ができないではダメですので、基本の練習をたくさんしました。

たくさんの人のスイングを見てきて、少しの修正で良い場合から、大きな修正が必要な場合、ポイントが多い場合など様々でしたが、最後は必ずと言っていいほど、基本に忠実な型や練習に立ち戻ることになりました。

基本に忠実な型や練習って？　一番はグリップです。両手一体のグリップ。次にアドレス。そしてナイスショットをするためのスイングです。それらを守って練習します。

ゴルフの難しいところ、もうひとつありました。ゴルフは一日にして成らず、です。ゴルフレッスンを行っていて、割と多くの方がすぐに上手くなりたい、すぐに気持ち良く打ちたいと思っておられます。

レッスン後2～3球打っただけで、そうかわかった、つかんだ、完璧、と。気持ちはわかりますが、そうは簡単にいきません。

そこから継続して練習できるかにかかっています。基本練習の繰り返しができるかどうかです。

ゴルフスクールに入れば基本練習を繰り返しでき、なおかつプロにいつもスイングを見てもらえるので、間違ったことをすることはまずありません。ですからゴルフスクールに入ることをぜひお勧めします。

とは言え、すべての人がスクールに入れるわけではありませんので、これから私がお伝えする基本をいつも繰り返し練習していただきたいと思います。私がレッスンする際に基本としていること、レッスンで効果がある練習方法をお伝えします。

そして皆さんは、１００切りを一つの通過点として、90台、80台とステップアップしていってください。１００の壁なんてありませんから。

ゴルフがますます楽しくなりますよ！

目次

第4章　パットの基本……105

第5章　傾斜の基本……125

第6章　ラウンドの基本……143

写真：長谷部英明　ストレッチ指導：本橋洋平

第1章　ゴルフの取り組み方

ゴルフは練習と経験によって上達するスポーツです

ゴルフを始めてすぐにドライバーを真っ直ぐ飛ばせる人、アプローチがピンに寄る人、ロングパットが入る人、100を切る人などはほんとに少ないです。

ほとんどの人がドライバーはチョロ、アイアンはダフり、アプローチはトップし、パットはいったり来たりの4パットや5パットで、スコア140。これが普通です。

しかしゴルフを始めて半年、1年、2年と経つうちにだんだんスコアも少なくなってきて、ナイスショットも増えてきます。それは練習場へ行って練習し、コースをラウンドして経験を積んだからです。年数が経つうちに誰でも少しずつ上達します。続けていればスコア110を切るくらいまでは割と早いと思います。

しかし多くの人が、スコアで100を切るところで少し停滞するようです。100の壁です。ずーっと100を切れない人もいるでしょう。

一方で、とんとん拍子に１００を切り、90を切り、80も切ってしまう人がいるのも事実です。

その違いはなんでしょうか。運動神経がいいから？　センスがあるから？　若さ？　そうとも言えますが、どれも違います。

私が見てきたなかで、それは練習と経験です。練習は、練習量と練習内容。経験は、ラウンド数、そして経験を活かしているかどうかです。

練習は週一回でＯＫ

練習は多い方がもちろんいいですが、最低週一回できれば上達していきます。週一回１２０球～１５０球です。内容がとても重要です。

一度の練習の例として

ＡＷ（ＳＷ）40球↓ＰＷ20球↓7アイアン20球↓5アイアン15球（ＵＴ15球）↓

FW10球→ドライバー15球

合計120球です。週一回できていれば、もっと少なくてもいいです。

ここで見ていただきたいのは、打つ順番と球数です。アプローチウェッジとピッチングウェッジの練習が半分以上で、短いクラブから長いクラブへと練習することです。とくに打ち始めは小さい振り幅から始めます。小さい振り幅の練習から始めることで、スイングで重要なインパクトゾーンの練習が初めにできるからです。この時点で体と腕の一体でボールをヒットできていれば、大きくスイングしても当たりやすくなり、同時にアプローチの練習も上達していきます。

ゴルフ練習場での練習でできることは限られています。アプローチ練習場や、バンカー練習場がある所ばかりではありません。ゴルフ場ではいろいろな状況をクリアしなければ良いスコアではあがれません。そうなると、ゴルフ練習場という限られた場所で効率よく練習するしかありません。アプローチからドライバーまで同じ練習で上達していくのが得策です。バンカーだって同じです!

「基本」とは何でしょうか？

打ち始めを小さいクラブ、小さい振り幅から始めるのは何故でしょうか？

ゴルフは目標に真っ直ぐボールを飛ばし、少ない打数でカップに入れるスポーツです。

ボールを真っ直ぐ飛ばす、真っ直ぐ転がすのに大切なのは、インパクトとインパクトゾーンで真っ直ぐにクラブヘッドを動かすことです。そしてフェース面を目標に向け続けることです。

一番真っ直ぐに転がさないといけないのはパットです。パターヘッドを真っ直ぐに動かす練習が一番大切になります。次に大切なのはアプローチです。アプローチでボールが真っ直ぐにいけば、カップに近づく確率が高くなります。10ヤード、20ヤード、30ヤードとボールを真っ直ぐ飛ばせるようにします。

カップに近づくようになればワンパットが増えてきて、スコアが良くなります。練習場ではこのアプローチから練習します。10Y→20Y→30Yと振り幅を大きくしていきます。ボールを真っ直ぐ飛ばすのが大切です。飛んだボールをよく見てください。左右のずれが少ないほど、インパクトゾーンでクラブヘッドを真っ直ぐに動かせたということです。

そしてこれを50Y→70Y→100Y→150Y→200Yと延ばしていきます。クラブを長くするほど左右のぶれが大きくなります。ちなみにここでいう真っ直ぐとは、狙ったエリアにボールを運ぶということです。ドライバーが一番広いエリアが目標となり、アイアン、アプローチ、パターと目標エリアが狭くなっていきます。ストレートボールを打たなければいけない、ということでは決してありません。

一番やさしく、しかもいつも正確に打たないといけない短いクラブ、インパクトゾーンを正確にスイングしなければいけない小さい振り幅から始めていきます。

基本練習だけでボギーペース

ゴルフの基本は目標にボールを真っ直ぐに飛ばし、少ない打数でカップに入れることです。そのための練習が基本練習です。この練習を続けることによってスコアは少なくなっていきます。ですが、ゴルフは真っ直ぐ飛ばすだけでは足りない場合があります。皆さんはトーナメント中継を見たことがありますか？　トッププロが素晴らしいショットを打つのを、皆さんもテレビやトーナメント会場で見たことがあると思います。そのなかで木の枝や幹に当たるのを巧みに避けながら、林の中から見事に脱出してグリーンにのせたりするのを見たことがあると思います。

ラウンドをしていると真っ直ぐ飛ばしたつもりでも、スタンスの向きが合わなかったり、リズムが悪くなったり、風にボールが流されて林の中に入ったり、木の後ろに止まってしまったりします。その場合に、上級者はなんとかしてグリーンを狙えないかと考えます。木と木の間の狭いところでも、その先にグリーンがあれば狙ったりします。木が邪魔でも、わざと曲がるボールを打ってグリーンを狙います。そして多くは成功します。１打を競う、１打でも少なくしなければならない上級者ならではのことです。皆さんの多くは失敗します。

その違いは、プロは基本を確実に行えるからです。真っ直ぐボールを正確に飛ばせるからです。基本ができているから、わざとボールを曲げたりできます。

しかし、皆さんは冒険して無理なことをする必要はありません。トラブルになったら、安全な方向へ真っ直ぐ運べばいいのです。無理してダボ、トリにしてしまってはスコアをなかなか減らせません。90を切るまでは、基本練習だけで十分ステップアップできます。

スコア90はパー72のコースで、18オーバーです。18ホール１打ずつのオーバーです。ボギーペースということです。

・パー３なら２オン２パット、パー４なら３オン２パット、パー５なら４オン２パットです。極端にいえば、トップしてもダフッても真っ直ぐに飛べばOKです。練習と経験を積めばボギーは簡単に取れるようになってくるし、パーのチャンスも増えてきます。ボギーペースでパー1個とればスコア89です。

基本練習と経験を積めば、だんだんと狙える範囲が広がってきます。基本をベースにいろいろなことができるようになります。スコアが80台、70台となってきたときには必要に応じた高度なショットも必要となりますが、基本の積み重ねによって可能となります。

経験を活かすことはゴルフ上達にとても重要です！

ゴルフは〝耳と耳の間でするスポーツ〟とも言われます。頭を使います。ラウンド中も練習中もフル回転です。ラウンド中はいろいろな情報収集、計算、記憶力など頭を使います。なかでも記憶力が重要です。ラウンド内容の記憶、失敗したことの記憶、成功したことの記憶です。特に失敗した時の状況、使用クラブ、どんなミスが出たかを覚えておきます。そして練習で思い出してそれを修正し、次のラウンドで同じ状況がきたらしっかりと思い出して、同じ失敗をしないようにします。ですから、ラウンド中の1打1打において、ボールの状況、距離、クラブ選択、風はないか、飛んでいるボールの弾道など注意して記憶してください。

ラウンド→練習で修正→ラウンド→練習で修正、というふうに繰り返すことでラウンドの経験を練習内容に、練習の内容をラウンドに活かすことで、だんだんと失敗が少なくなり、自信を持ってプレーできるようになります。

コースも覚えるようにしましょう。景色やバンカーの場所、グリーン、ピンの位置など鮮明にイメージできれば、練習が本番と同じになります。

経験を積むためにもなるべく月1回はラウンドしてください。2ヵ月、3ヵ月と空くと忘れてしまい、経験が活かされなくなってしまいます。

初めのうちは同じコースを何回もラウンドすることも、経験を増やし、コースやプレーを覚えるのに効果があります。

ラウンド直後の練習が有効です！

ラウンドしてしばらく経つと、スコアやコースは覚えていてもプレーの内容や失敗した状況や、結果は忘れてしまいがちです。とくに直後は失敗したことをすごく悔んだり怒ったりしても、だんだん薄れてきて「まあいいか、次はなんとかなるか」となります。そして次も同じ失敗をします。

ラウンド直後なら失敗したことをはっきり覚えているし、気持ちも悔しさが残っているので、そこで練習して修正しておくことはとても効果的です。

コースの練習場が使えればそこで練習してもいいし、帰る途中の練習場でもいいと思います。次の日でもいいでしょう。

何時間も何十発も練習する必要はありません。30分でも30球でもＯＫです。失敗したことを修正しようとすることに意味があります。

ドライバーが曲がったこと、アプローチが寄らなかったこと、アイアンがダフったことなど修正しようとすれば、失敗原因と修正方法を考えます。

上級者はその失敗原因をすぐに突き止め修正方法をすぐにみつけます。ラウンド中でもできるでしょう。

そうでない人は原因がわからず修正できません。放っておけば同じ失敗を繰り返します。ところが、ラウンド後に練習して失敗を修正する。これを続けていけば、経験によって修正する方法がわかるようになります。

クラブヘッドを知ることが大切

練習と経験によってクラブヘッドを知ることも上達に欠かせない重要ポイントです。クラブのフェース面、ソール、リーディングエッジ、トウ、ヒールなど、ボールをしっかり打つのに知っておかなければならないポイントです。なぜこれらを知らなければならないかというと、スイートスポットがわかるからです。

よく芯で打てとか、芯をはずしてるとか言います。これはクラブフェースのスイートスポットのことを言います。重心です。一番打感が良く、一番飛ぶところです。クラブは、クラブヘッドが手から遠いところにある＝スイートスポットが遠いところにあるのでわかりづらい＝ボールを正確にヒットすることが難しいのです。では、スイートスポットがわかるようになるにはどうすればよいか？

その周辺、とくにフェース面とソールを知ることです。ボールを打てば、飛ぶ方向によってフェースが真っ直ぐになっているかがわかりますが、ボールの飛ぶ高さによってインパクトでのフェースの角度、ソールの地面に接する場所がわかります。

ボールの飛ぶ高さが高すぎれば、フェース面が上を向きすぎていたり、ソールがボールの手前の地面に触れていたりします。逆にボールの飛ぶ高さが低すぎれば、フェース面が下を向きすぎていたり、ソールが地面に触れなかったりします。インパクトでフェースを正しい向きにして、ソールが地面の一番いいところに当たらないといけません。そこでするのが素振りです。

素振りをしましょう！

ゴルフスクールや個人レッスン、コースレッスンなどで生徒さんの練習を見ていて、必ず伝えることがあります。

「素振りをしてください！」と。

打つ前に素振りをしない人がとても多いのです。なかには遅くなるから素振りしちゃいけないと思っていた、という人もいました。素振りは必ず行いましょう。

素振りの目的はスイングの確認、最下点の確認です。ボールを真っ直ぐ飛ばすためのスイングを確認して、実際にボールを打つ気持ちで振りましょう。

そのとき必ず最下点を確認してください。芝の上やマットの上などのクラブのソールがあたるところです。ボールがあると思ったところにあたっていればＯＫです。左右にずれていたら修正します。たいていは右にずれているので、そのまま打つと、ダブリやトップになる可能性があります。素振りをして修正します。

２～３回の素振りでは修正できないかもしれません。ラウンド中はあきらめて本番に移ります。ラウンド中の素振りは２～３回にしておきます。やり過ぎるとスロープレーになりますので、気をつけてください。練習場であれば何回でもＯＫですので、最下点が一定するまで素振りしてください。

最下点がないときはどうしましょうか？　ソールが芝にあたらないときがあります。この時は早く振りすぎてインパクトがずれている場合があるので、少しゆっくりスイングします。

こうして素振りをするように習慣づけると、イメージが湧いてきてショットの成功率が高くなってきます。パターからドライバーまで全て同じです。

プロのスイングを参考にしましょう！

ゴルフ雑誌にはよくトッププロの連続写真が載っています。皆さんも見たことあると思います。私は連続写真が大好きで、昔からよく見て参考にしてきました。雑誌の連続写真特集は必ず買って、ボロボロになるまで何度も見返していました。いまでも参考にしますし、当時は最高のレッスン書であると思っていました。しかし、いまではそれ以上に参考になるものが出てきました。ＹｏｕＴｕｂｅなどで見ることができるプロのスイング動画です。以前なら動画はビデオやＤＶＤを買わないと見ることができませんでしたし、トーナメントの練習日に見に行ってプロのスイングを撮影したり、テレビ中継を録画したりして見るということもしていました。ＶＨＳの頃はたくさんのビデオテープがたまっていました。

いまでは、いつでもどこでも無料でトッププロのスイングを見ることができます。

録画も必要ありません。便利にもスローで見られるようになっているものがたくさんありますので、じっくり見ることができます。

動画の良さは連続写真と違って、スイングの流れや、つながりがわかることです。特にトップからの切り返しや、インパクトからフォロースルーへのクラブヘッドの動きがよくわかります。

まずは全体の動きとリズムをよく見ます。トップからダウンに移るスピードとタイミングによってスイングが変わってきますので、見ていて気持ちいいスイングを参考にしましょう。これは勘です。直感で決めましょう。好きなプロのスイングを参考にするのもいいと思います。

基本の練習をしていれば、プロのスイングを見ることによって体の動きとクラブの動きのつながりを理解でき、スイングがより理解できるようになります。皆さんもぜひ参考にしてください！

ゴルフ仲間を作りましょう！

ゴルフは経験が大切なスポーツです。ゴルフ場をラウンドする回数の多い人がたくさんの経験を積めますので、なるべくたくさんラウンドしてほしいと思います。

私がレッスンしてきた人達にはラウンド数の多い人も少ない人もいますが、ラウンド数が多い人のほうが上達が早いと思います。月1回よりも月3回のほうが良いスコアがでます。年に2〜3回だと上達は難しいです。ただし、ラウンドが多くても基本練習ができていない人は上達が難しいと思います。

月に最低1回はラウンドしましょう。ゴルフスクールに通うと、ゴルフ仲間が増えますのでラウンド数も増えます。おススメです。ほかには家族、友人、仕事などいろいろなところにゴルフする人はいます。ゴルフすることをアピールしておけば、いつか誘われます。そしてそこでまた、初めてゴルフする人と出会い、ゴルフ仲間となります。

ゴルフは基本的には一人でのラウンドができませんので、ゴルフする知り合いや仲間が多いほうが良いです。最近ではＳＮＳなどのゴルフサークルなども流行っているようですし、一人で予約して４人組にしてくれるところもあります。勇気のある人はそういう所への参加も良いと思います。

ゴルフは、はじめはとても勇気がいりますが、慣れてくると、そして上達してくるといろいろなゴルフ場に行くのも、いろいろな人とラウンドするのも楽しくなってきます。

ゴルフ仲間を増やして、ゴルフの経験をたくさん増やしてください。

第2章　スイングの基本

クラブを回すことが基本

スイングの基本はクラブヘッドを真っ直ぐ振ることです。クラブを正しく持ち、正しく構え、正しくクラブヘッドを真っ直ぐ振ることによって狙った所にボールを飛ばします。

体が主役でも手が主役でもありません。クラブが主役です。

手打ちとは？　ボディターンとは？

ゴルフのスイングで「手打ちはダメ、体を使って打ちなさい」とよく言います。実際、体を使ってクラブを回した方が安定したり、飛距離が出たりもします。私も「もっと体を使って！」と言います。ここで勘違いをしないでいただきたいのは、体を使って打つのは手の感覚をなくすということではありません。手と体の連動ということです。体の使い過ぎで手がおろそかになっている人は、インパクトのフェース向きや、最下点、振り幅などが一定しません。

手は手の役割、形と動きがあることを忘れずにスイングしましょう。

腰は回すか？

腰をもっと回せ、これもよく言われるフレーズです。腰のキレで飛ばす！　というとカッコよく聞こえます。実際腰の安定した動きは大切な部分ではありますが、ここでも勘違いがおこります。腰だけではスイングできません。バックスイングでいきなり90度くらい腰を回してしまう人、ダウンスイングで腰を回そうとして腰が引け、右に体重が残ってしまう人もいます。腰と肩の連動、もっと言うと足と腰、肩の連動がスイングにおける体の動きです。そこに腕とクラブが一体になります。腰だけを回そうとするのはやめましょう。

低い球の重要性

アイアンでの安定した飛距離、番手ごとの距離の差を出すには、ロフト角通りのボールの打ち出しができているかが重要になります。しかし高さが出ないからといって、間違った上げ方はスイングを悪くします。いわゆるすくい打ちです。クラブは最下点でボールを打つようにできていますので、たとえ球が低いと思っても無理に上げようとせず、むしろ低い球を打つようにしてみましょう。ボールを少し右寄りに置き、最下点で打つように練習しましょう。低い球が出ればＯＫです。

低い球を打つ場面はコースでもあります。林の中から脱出する、木の枝が邪魔で低く通さなければならない、向かい風に向かって打つ、などあります。練習しておけばコースでのトラブルに対応できます。そして最下点でしっかり打てるようになれば、ボールの置く位置で球の高さが変わってきます。少しずつ左にボールを移して打ってみましょう。だんだんと番手ごとの高さが出るようになります。

飛距離はどのくらい？

ボールを狙った所に飛ばすには、クラブごとの飛距離がわかっていないといけません。ナイスショットの飛距離です。ナイスショットがなかなか出ないうちは飛距離を把握できません。自分の飛ぶボールをよく見て落ちるところを見れば、一番飛んだ時の距離がわかります。それを基準にします。その距離を毎回出せるようにスイングします。ラウンドではその距離をクラブ選択の基準にしてください。たとえば7番アイアンで一番飛んだ時の飛距離が150Yだったとします。同じ距離の場面ではなるべく7番アイアンを持つようにしてください。当たらないからといって

6番や5番アイアンを持つと、しっかりスイングしなかったり、当たっても飛びすぎてしまうことになってしまいます。当たらなくてもスイングがずれていることがわかるので、それを修正することによってだんだん良いスイングに近づいていきます。

基本グリップ

ナイスショットを生み出すはじめの取り組みが、正しくグリップすることにあります。

正しいグリップは正しいスイング動作につながります。

フェースをしっかり目標に向けてインパクトするには、両手で常にフェース面を意識できるグリップにします。

グリップはいつも確認してください。形や向きをいつも同じにします。鏡に映して見たり、胸の高さでクラブを立てて握り、グリップをよく見てください。

グリップを持つ位置は、グリップエンドから指一本分空けて握ってください。右手の小指は、左手の人差し指にのせるオーバーラッピング、人差し指とからめるインターロッキングがあります。インターロッキングがオススメです。

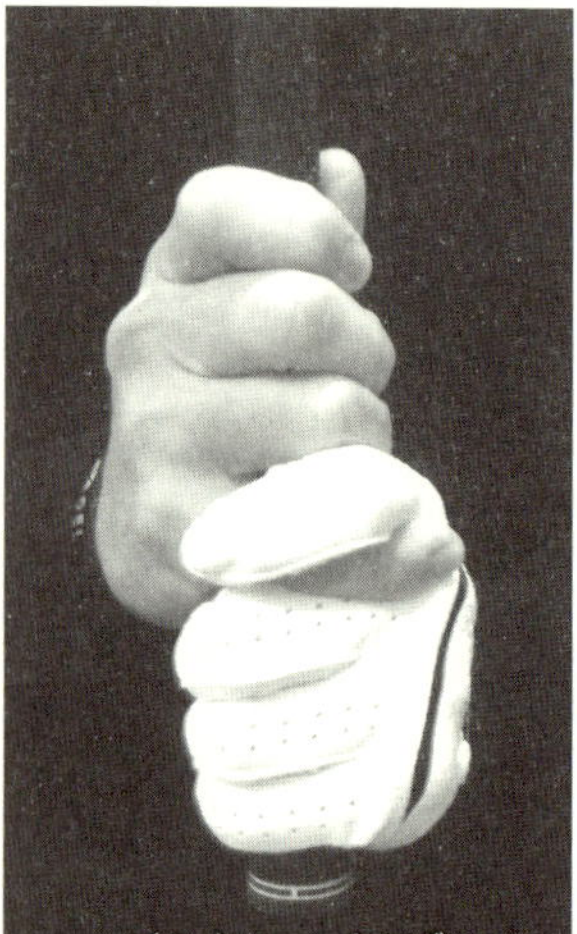
インターロッキング

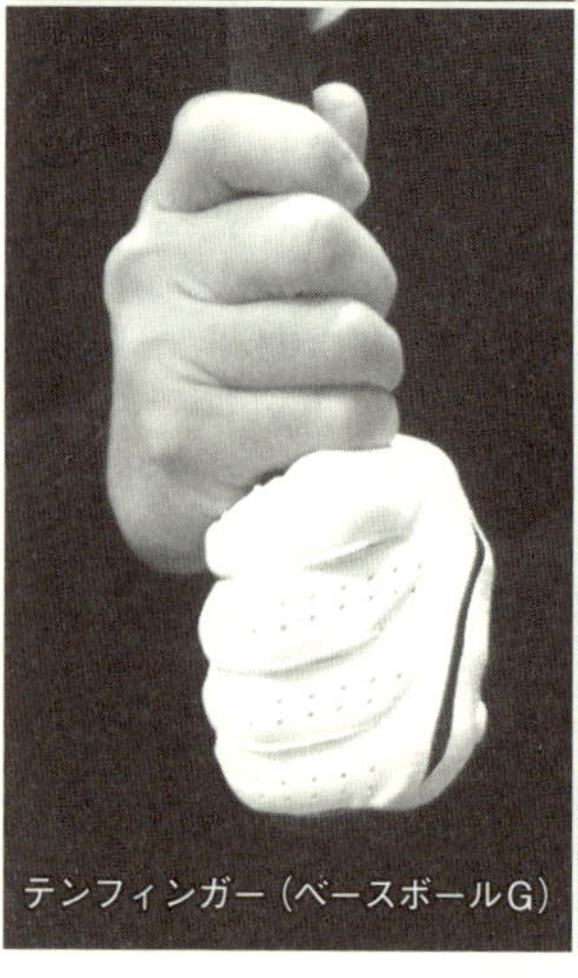
テンフィンガー（ベースボールG）

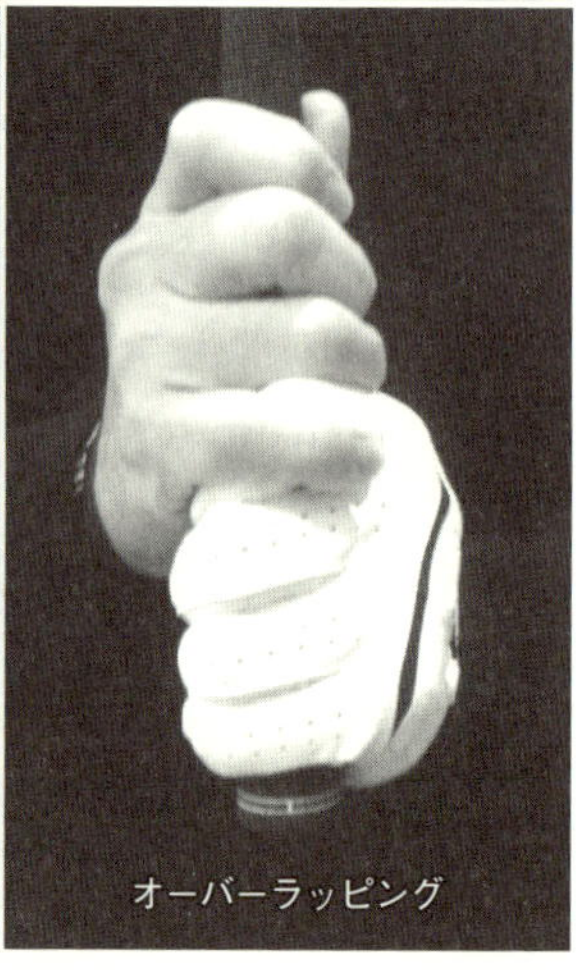
オーバーラッピング

まずは左手から

基本的には左手（左利きの人は右手）がしっかりしているグリップを作ります。グローブを着けるのはしっかり握るためです。

左手のポイントは小指・薬指・中指、親指と人差し指の付け根、親指の位置です。

小指・薬指・中指の３本がしっかり握れているかをいつも確認してください。しっかり握るためには、小指の根元にグリップとの隙間ができないようにしてください。

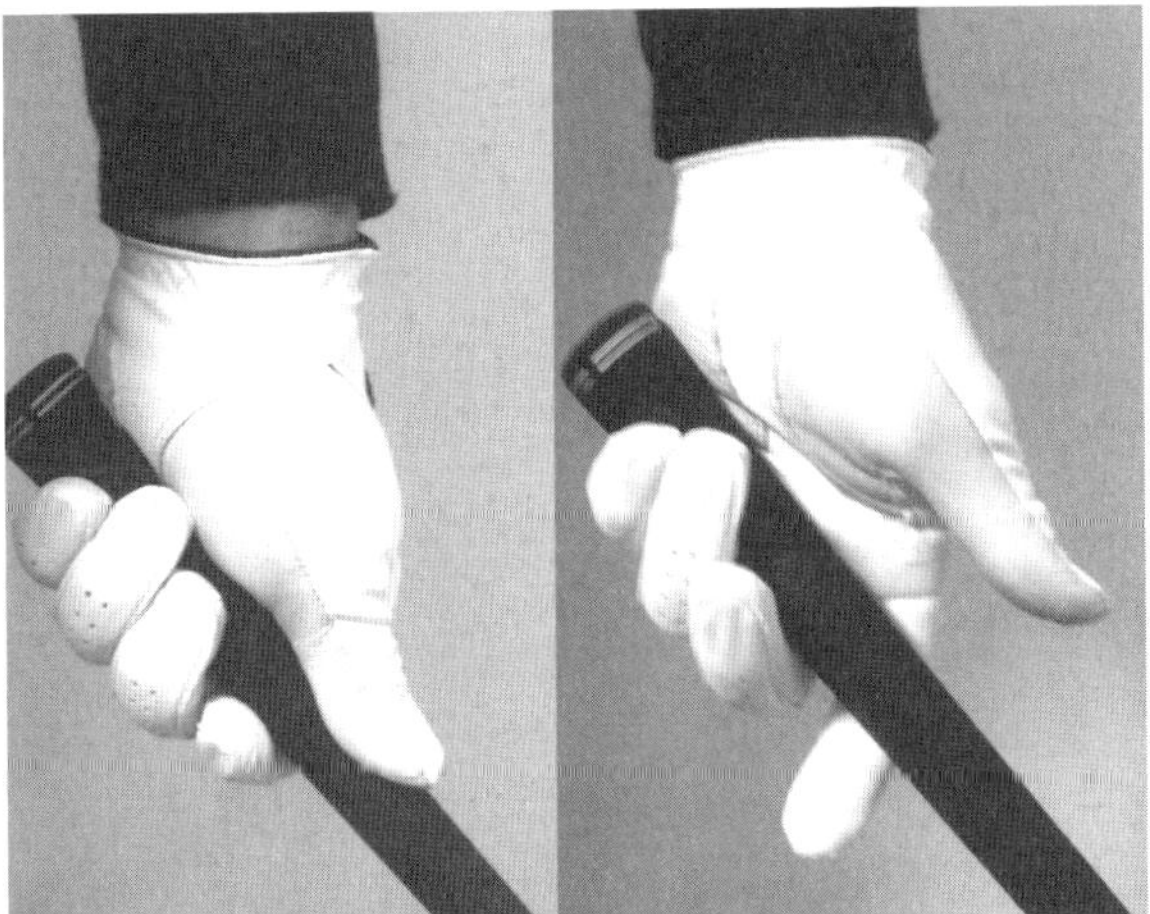

親指と人差し指の付け根は閉じて、親指を手のひらにくっつけてください。

親指の位置はグリップの真上より右にくるようにします。その時、親指と人差し指でできる付け根の線は右肩を指していればＯＫです。

小指・薬指・中指以外、特に親指は力を抜いてください。

右手もしっかり形を

右手のポイントは、中指と薬指、親指と人差し指の付け根、左手の親指を隠しているか、です。

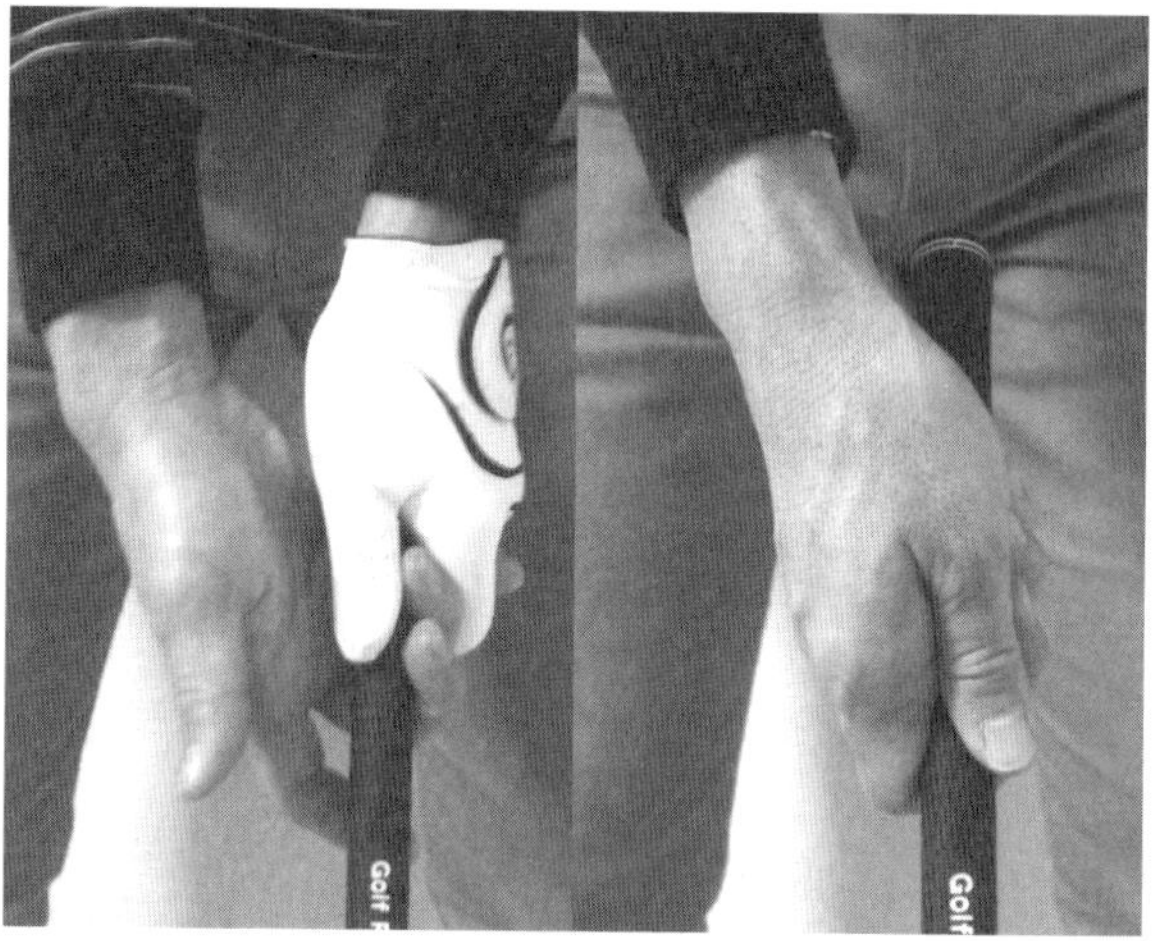

中指と薬指をグリップに、指全体を添えるように握ります。手のひらで握らないようにしましょう。この時の右手の薬指は、左手の人差し指と密着しています。左手同様、右手も親指と人差し指の付け根を閉じます。この時の付け根の線は右耳あたりを指しましょう。

右手親指の下のふくらみを左手の親指に重ねて、隠すようにします。小指はインターロッキングかオーバーラッピングにします。

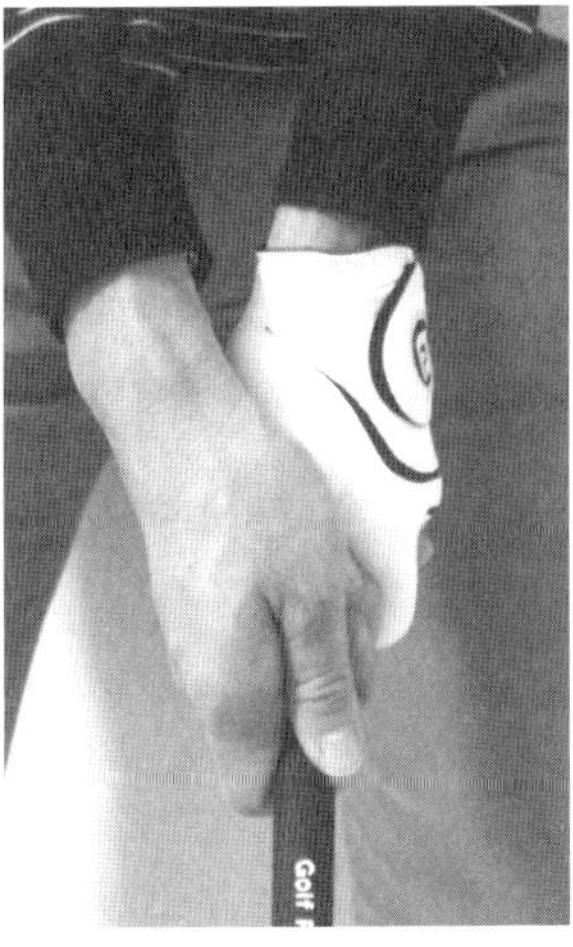

両手一体感のあるグリップに

右手と左手、指と指、手とグリップに隙間のないグリップにしましょう。握った後に手首を縦横に動かしてみてください。

緩まず、固めず、ちょうどよい強さで握れるようにします。グリップの握る強さはスイングによっても変わりますので、まずは緩まないグリップを覚えましょう。力んでいるからといって、ソフトに握ろうとしてグリップの形を崩してしまう人がいますが、それではインパクトが一定しませんので気をつけましょう。

基本アドレス

ナイスショットはアドレスにあると言っても過言ではありません。

正しいアドレスで正しいスイングが導かれていきます。

正しいアドレスのポイントは、スタンス、前傾姿勢、体重配分です。

アドレスの基本は目標線に平行に立つことです。スタンス、腰、肩をいつも目標線に平行にすることを確認してください。目標線に平行に立つということは、目標線をいつも忘れずに確認することです。練習場で打つ時、素振りの時、ラウンド中も常に目標線を確認しましょう。ボールと目標を結んだ直線のボール後方に立ち確認します。

スタンス幅は使用クラブ、スイング幅の大きさ、状況に応じて、狭くしたり広くしたりします。両つま先は目標線に真っ直ぐ向けます。

目安としてアイアンで肩幅くらい、ウッドは肩幅よりも少し広くします。アプローチでは狭くしていきます。グリーン周りでは両足をくっつけるくらいでオーケーです。パッティングの時は肩幅くらいにします。

前傾姿勢は、直立して足の付け根から上半身を倒します。倒す角度の目安は、時計の文字盤の1時です。胸が下を向いているのを意識してください。

ひざは軽く曲げます。曲げすぎてお尻が下がらないように気をつけましょう。下半身が安定するように重心を低くするために、膝を曲げます。

前傾姿勢を作ってから背中や腰が反らないように気をつけましょう。前傾してから姿勢を良くしようとすると、腰や背中が反ってしまう場合があります。スイングにはもちろん良くないですが、体に負担がかかるので気をつけましょう。

両腕はひじに気をつけます。両ひじの間隔は脇を軽く締めながら、狭めにキープします。ひじは突っ張らずにまっすぐ下におろします。

両ひじはスイング中も非常に重要なポイントとなりますので、いつも気にしておきましょう。

前傾した肩から、グリップが真下にくるようにします。グリップを前に出したり、体に近づけすぎないようにします。目安として、グリップエンドから体までに、握りこぶし1個半が入るスペースがあるようにしましょう。

体重は左右五分五分を基本とし、短いクラブでは左に多めにかけます。土踏まずから拇指球（足の親指の腹）に体重がのるようにします。

ドライバーのアドレス

スタンス幅は肩幅より広めにします。ボールの位置は左わきの前に置きます。頭

ドライバーのアドレス

の位置はスタンスの真ん中にあります。グリップの位置は左腿内側です。体重配分は左右五分五分です。

フェアウェイウッドのアドレス

スタンス幅は肩幅よりやや広めにします。ボールの位置は左わきの前に置きます。頭の位置はスタンスの真ん中にあります。グリップの位置は左腿内側です。体重配分は左右五分五分です。

アイアンのアドレス

スタンス幅は肩幅にします。ボールの位置は真ん中よりボール一個左に置きます。頭の位置はスタンスの真ん中にあります。グリップの位置は左腿内側です。体重配分は左右五分五分です。

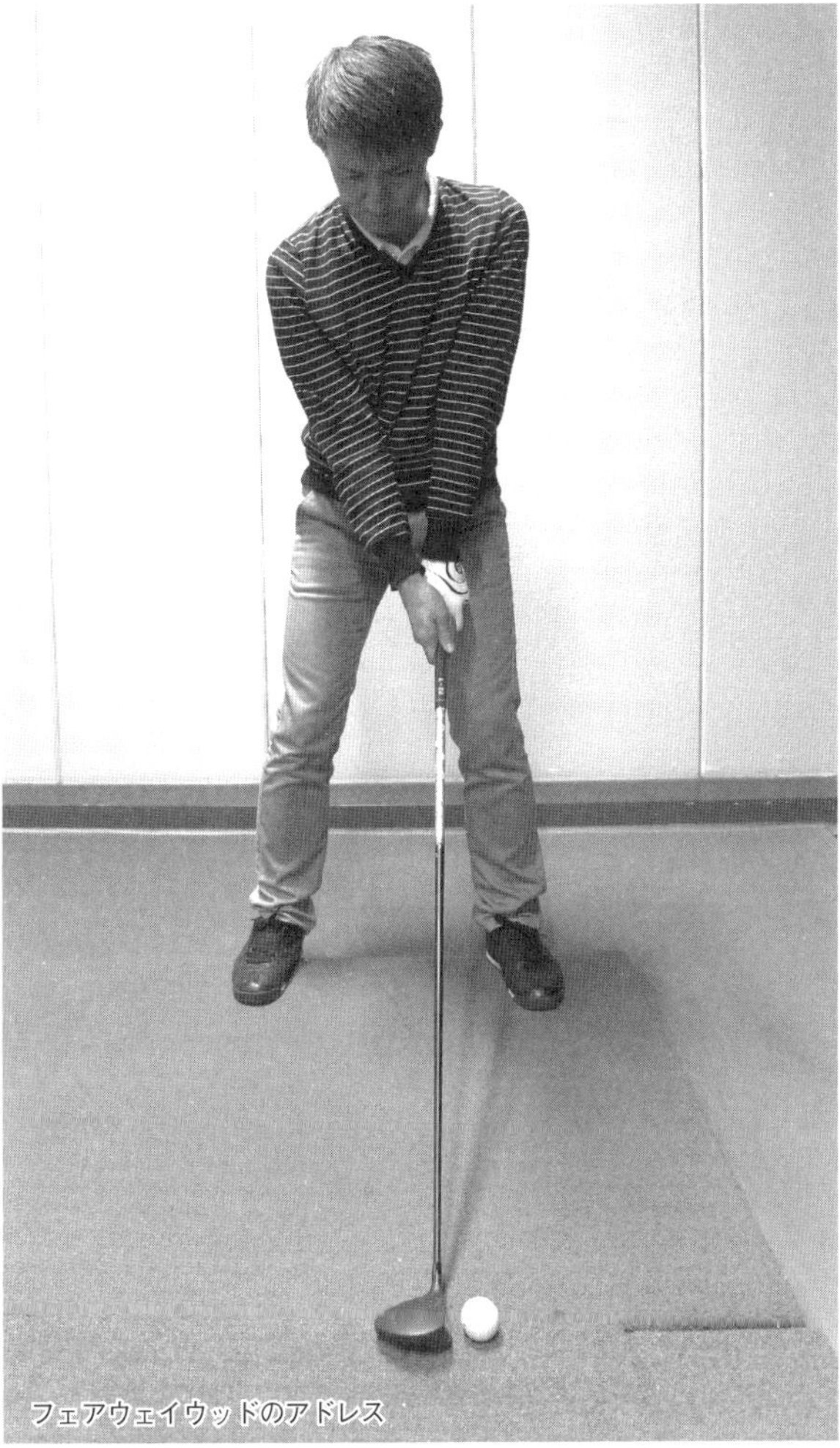
フェアウェイウッドのアドレス

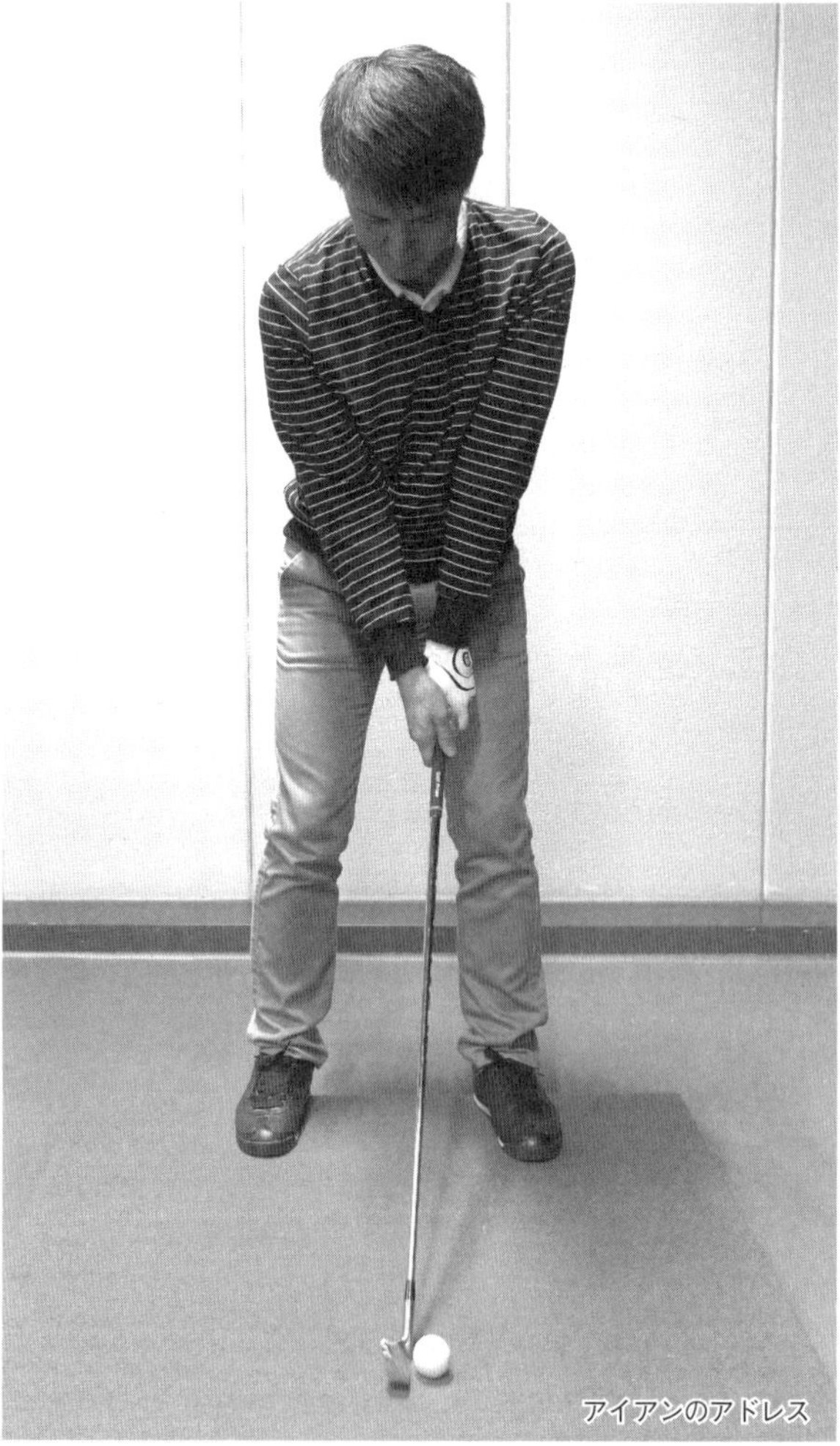
アイアンのアドレス

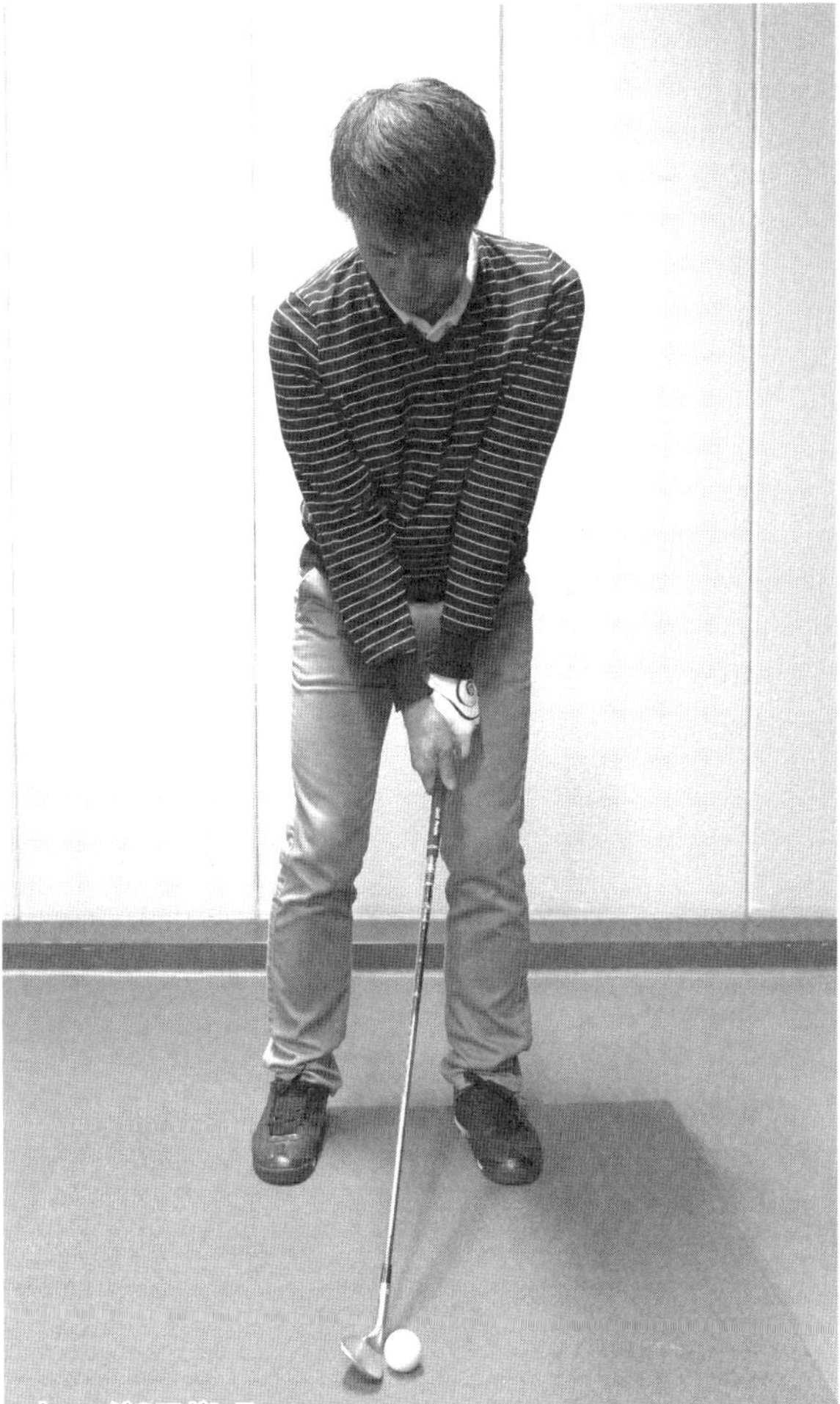
ウェッジのアドレス

ウェッジのアドレス

スタンス幅は肩幅かやや狭めにします。ボール位置は真ん中に置きます。頭の位置はスタンスの真ん中よりやや左にします。グリップの位置は左腿内側です。体重配分は左に６割、右に４割にします。

鏡を見てアドレスを確認しましょう。正面、真横から見て、いつもおなじアドレスになるようにします。アドレスによって方向性や、芯に当たるかどうか（ミート率）、飛距離にも影響します。体調や精神面でも変わってきますので、いつも同じアドレスができるように練習しましょう。アドレスも練習です。

基本スイング

目標にボールを運ぶためのスイングを基本とします。もっとも大切なのはインパクトゾーンのフェース向きとヘッド軌道です。

スイングのポイントがいくつかありますが、インパクトゾーンを必ず一番に、クラブフェースを中心に考えてください。

スイングは回転です。小さな回転が大きくなってフルスイングとなります。ですから、練習は必ず小さいスイングから始めていきます。

そしてスイングの回転には、軸が必要となります。動かない部分です。頭、背骨、膝、体重など意識します。

特にバックスイングで、右に膝、腰が流れないようにします。

スイングの各部分には一般的に名称がつけられています。テークバック、バックスイング、トップ・オブ・スイング（トップ）、ダウンスイング、インパクト、フォロースルー、フィニッシュ。

各部分はスイングを一連の動作としてとらえるのに重要となりますので、説明していきます。

テークバック

テークバックはスイングの始動、バックスイングの初期部分です。一番難しいとも言われますが、考えすぎてはいけません。

両肩、両腕、グリップ、クラブヘッドを一緒に動かします。前傾姿勢をキープし、頭、右膝、右腰は右に流れないようにします。

バックスイング

バックスイングはボールを飛ばすための準備動作です。インパクトを正しくするためには、正しくバックスイングしましょう。

左肩、左腕、手、クラブヘッドと一緒に動きだし、両肩と腕でできる三角形の回転によってクラブヘッドを右へ回していきます。このとき左肩をあごの下に入れるようにすると、前傾姿勢を崩さずに回転できます。頭、右膝、右腰が右に流れないように注意してください。

テークバック

バックスイング

両ひじは胸の前にキープします。クラブヘッドが右腰の高さを過ぎるあたりから、右ひじと手首が徐々に曲がり始めます。手が胸の高さにきた時、左腕とクラブシャフトでできる角度が90度くらいになります。そのまま回転を続けます。

トップ

トップは両肩が90度右に回ったところです。腰は肩につられて45度右に回っています。両ひじの間隔をキープします。左ひじはアドレスのまま真っ直ぐキープし、右ひじは90度曲がっています。クラブの回転により手首に角度がつき、左手親指の上にグリップがのっています。これをコックと言います。この時、クラブヘッドの右への回転が最大になります。前傾姿勢はキープし、右膝、右腰もアドレスの位置をキープします。右足内側で踏ん張ります。

トップまで手だけで持っていかないようにしましょう。手でトップの位置へ持っていこうとすると、いろいろな通り道を作ってしまいます。手は胸の前にキープし、

トップ

肩が90度回転したところがトップです。

ダウンスイング

ダウンスイングは、トップまで回転した肩を元に戻しながらクラブヘッドをリードし、ボールへ向かって加速させてインパクトするための動作です。アドレスの位置へ左肩、胸を戻していきます。戻る順序は、左サイドから戻ります。左肩、左腰、左膝です。両ひじを胸の前にキープし、手首のコックもキープします。この時左サイドが起き上がらないように、胸を下に向けるように意識してください。左膝はトップからアドレスに戻りますが、流れないように左足内側で踏ん張ります。

インパクトおよびインパクトゾーン

インパクトはボールに当たった瞬間のこと、インパクトゾーンは、インパクト前後のヘッドの通過する範囲を言います。フェースが目標に向き、真っ直ぐヘッドが

ダウンスイング

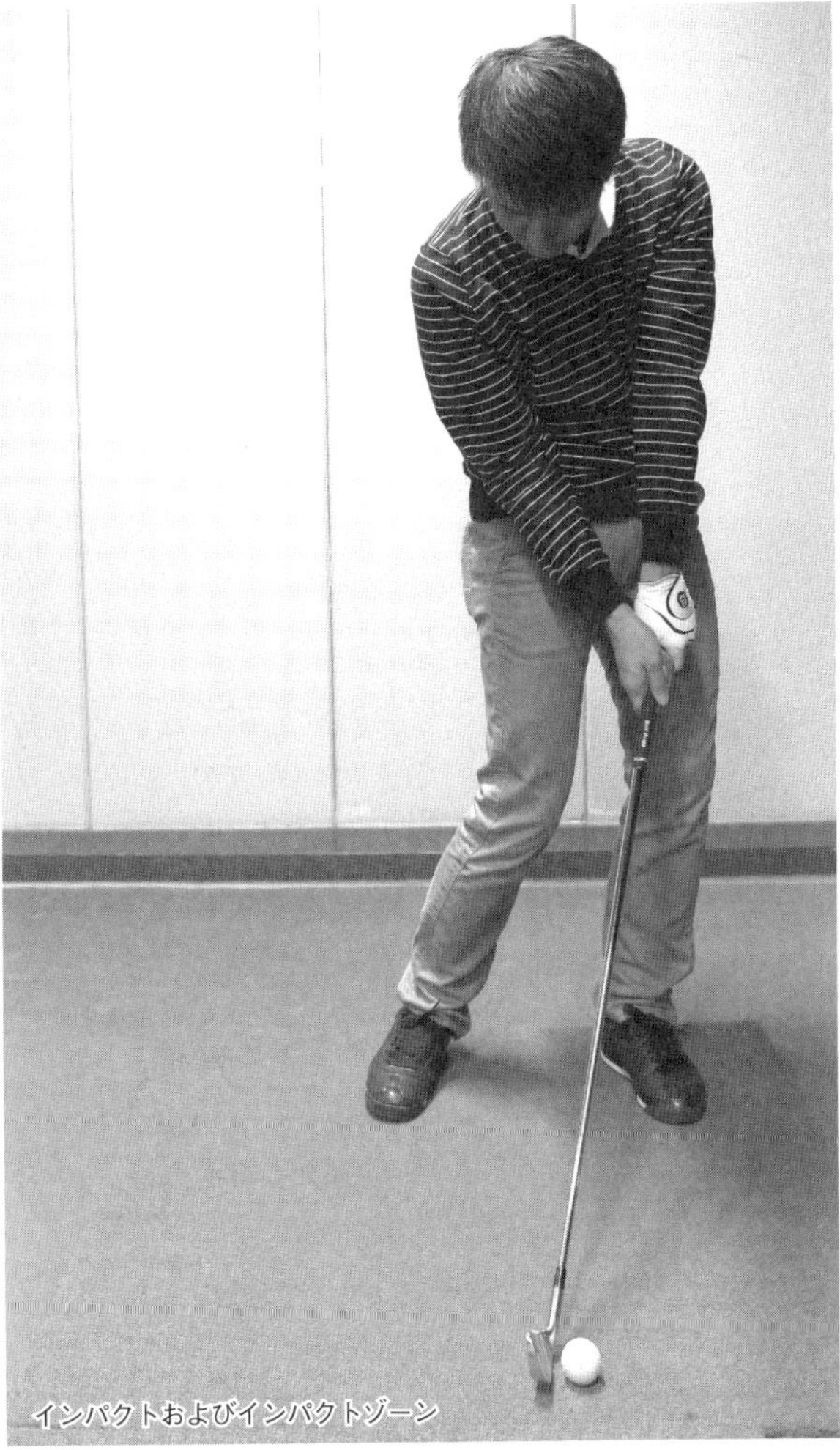
インパクトおよびインパクトゾーン

通過します。胸は下を向き、両肩は目標ラインと平行になっています。インパクト時も両ひじの間隔はキープします。

左ひじはトップから曲がらずキープされ、右ひじはまだ伸びずに曲がっています。左足内側＝親指から拇指球、土踏まずで踏ん張ってください。

フォロースルー

フォロースルーは、インパクト後に振り出されたクラブヘッドの通過点のことを言います。インパクトゾーンを正しく通過したヘッドは正しくフォロースルーに移行します。左サイドが回転を続け、右サイドが目標方向へ回転していきます。左腕は真っ直ぐのまま、右ひじは徐々に伸ばされます。両ひじの間隔をキープします。左膝は伸び、右足かかとが少しずつ地面から離れていきます。

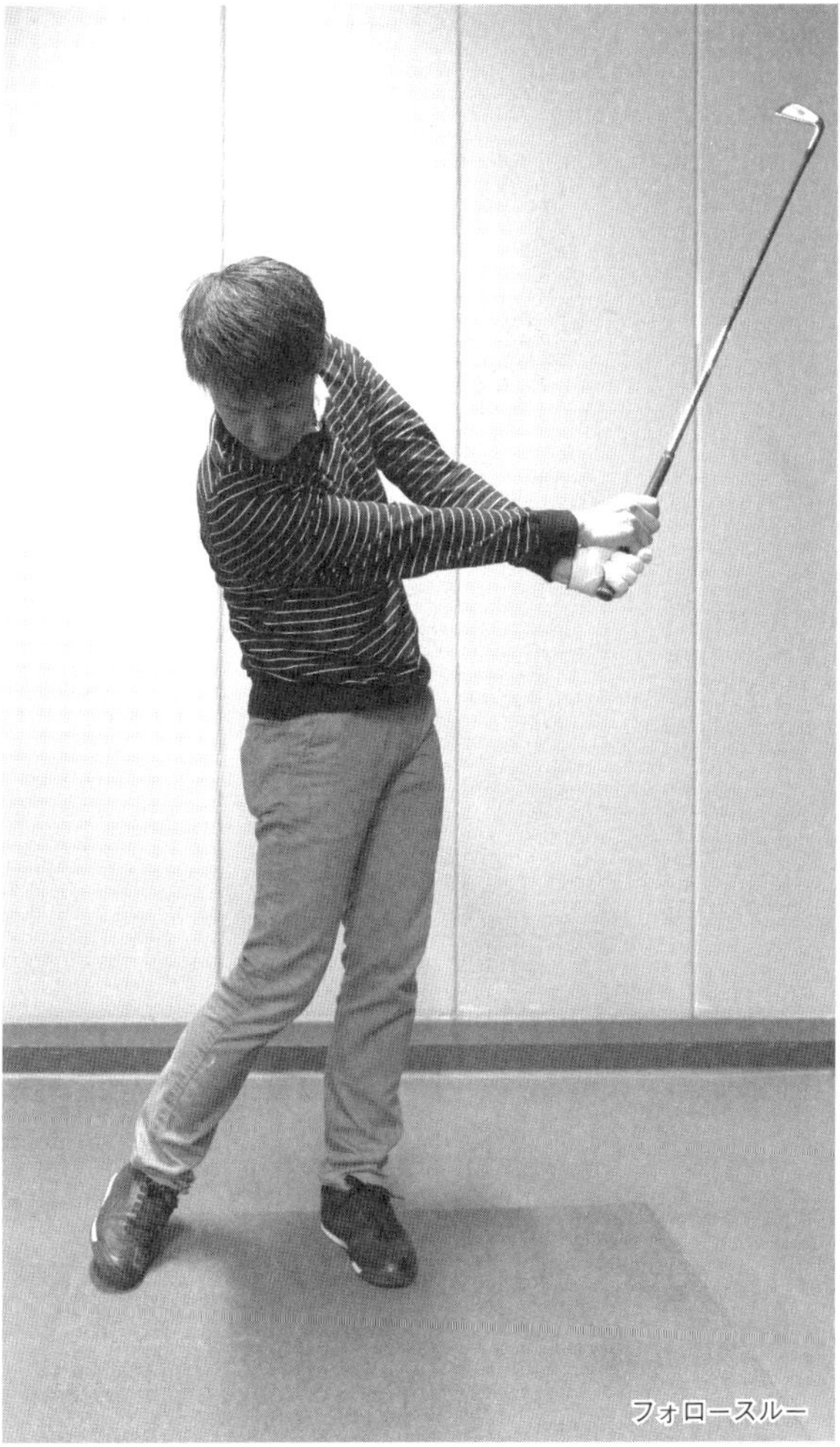
フォロースルー

フィニッシュ

フィニッシュ

フィニッシュはトップから回転を続けた両肩が入れ替わり、胸とお腹が目標を向いたところになります。右足かかとが完全に上がり、左足に体重がしっかりのっています。両手は左肩の上の耳の高さに収まり、クラブシャフトが頭の後ろに収まります。

バランス良くいつも同じ格好を保てれば、とても良いスイングと言えます。

スイング基本練習

基本グリップ、基本アドレスを確認したら、基本スイングを練習しましょう！

基本練習は、インパクトのフェース向きと正しいインパクトゾーンを、小さい回転から覚えて、徐々に大きくしていきます。

スイングの大きさを3段階にして、始めは小さく、徐々に大きくしていきます。

バックスイングとフォロースルーを対称形にします。

腰~腰まで

クラブヘッドと手が、ちょうど腰の高さになります。

シャフトが目標ラインと平行になります。バックスイングのフェース向きはやや下を向き、前傾角度と同じになります。切り返して両肩、両ひじ、グリップの一体でインパクトします。フェース面を保ちます。フォロースルーは両肩、両ひじ、クラブを一体で回転し、バックスイングと同じ高さで止めます。

胸～胸まで

手が胸の高さにくるまで回転します。右腰の高さを過ぎて右ひじが曲がり始め、手首にコックが入り始めます。手が胸の高さまできた時、クラブと左腕でできる角度がほぼ90度になります。切り返して両肩、両ひじ、グリップの一体でインパクトします。フェース面を保ちます。フォロースルーはバックスイングと同じ高さにくるまで回転して止めます。

肩～肩まで

手が肩の高さにくるまで回転します。右ひ

じが90度くらいまで曲がり、左親指にグリップがのっています。アドレスから両肩がほぼ90度右に回っています。切り返して両肩、両ひじ、グリップの一体でインパクトします。フェース面を保ちます。フォロースルーはバックスイングと同じ高さにくるまで回転して止めます。

ショートアイアンでは、ほぼフルスイングになります。

練習は計画的に！

まずは練習の計画を立てます。これが大切です。練習前に必ず練習計画を立ててください。

ＡＷ40球↓ＰＷ20球↓7アイアン20球↓5アイアン（ＵＴ）15球↓フェアウェイウッド10球↓ドライバー15球

全部で120球です。皆さんは練習場で何球くらい打っていますか？　始めたばかりの人は7アイアンまでにしましょう。

ここでの基本は、必ず短いクラブから練習を始めるということです。インパクトゾーン、フェース向きを覚えるのにフルスイング、またはドライバーではなかなか覚えられません。

そして短いものほど時間をかけ、球数を多く打ちます。

AWの腰～腰まで15球↓胸～胸まで15球↓肩～肩まで10球＝40球
PWの胸から胸まで10球↓肩～肩まで10球＝20球
7アイアンの肩～肩まで10球↓フルスイング10球＝20球
5アイアン（UT）の肩～肩まで5球↓フルスイング10球＝15球
FWの肩～肩まで5球↓フルスイング5球＝10球
ドライバーの肩～肩まで5球↓フルスイング10球＝15球

ここでの基本は短いクラブから長いクラブへ、小さいスイングから大きいスイングへと練習を進めていくところにあります。

球数やクラブは変えても大丈夫です。むしろ毎回同じクラブではなく、日によってAWをSWに、7アイアンを8アイアンに、というように換えてみてください。はじめは物足りなく感じると思います。200球～300球平気で打っている人はとくに感じるでしょう。

毎回計画を立てて順番に練習を進めていくと、時間もかかりますし、集中力も少しずつ増してくるので、満足感が得られるようになります。

上達するにつれ、自分なりの基本練習が出来上がってくるでしょう。

さてここからが基本練習の重要ポイントです。

1．最初にインパクトゾーンを作ります

練習場、インドア練習場、素振り、すべてにおいて目標に対するインパクトゾー

ンを作ります。

まずは目標をはっきりと決めます。練習場でしたら、30、50、１００などの数字や、ピンフラッグなどです。

ボールの後方から目標ラインを確認します。

ボールの先30センチほどのところの目標ライン上に、目印をみつけます。なければ何でもよいので、目印になるものを置きます。

これはフェース面を目標にしっかり向けるため、ボールを目標ラインに真っ直ぐ打ち出すために必ず行って下さい。フェース面と目標ラインは直角になります。

次にボールより離れたところに、目標ラインと平行の線を作ります。

専用のスティックがあればそれを置き、なければクラブ、もしくはヘッドカバーなどを置きます。

これはアドレスの肩、腰、スタンスが目標ラインと平行になっているかの確認と、インパクトゾーンの確認のために行います。

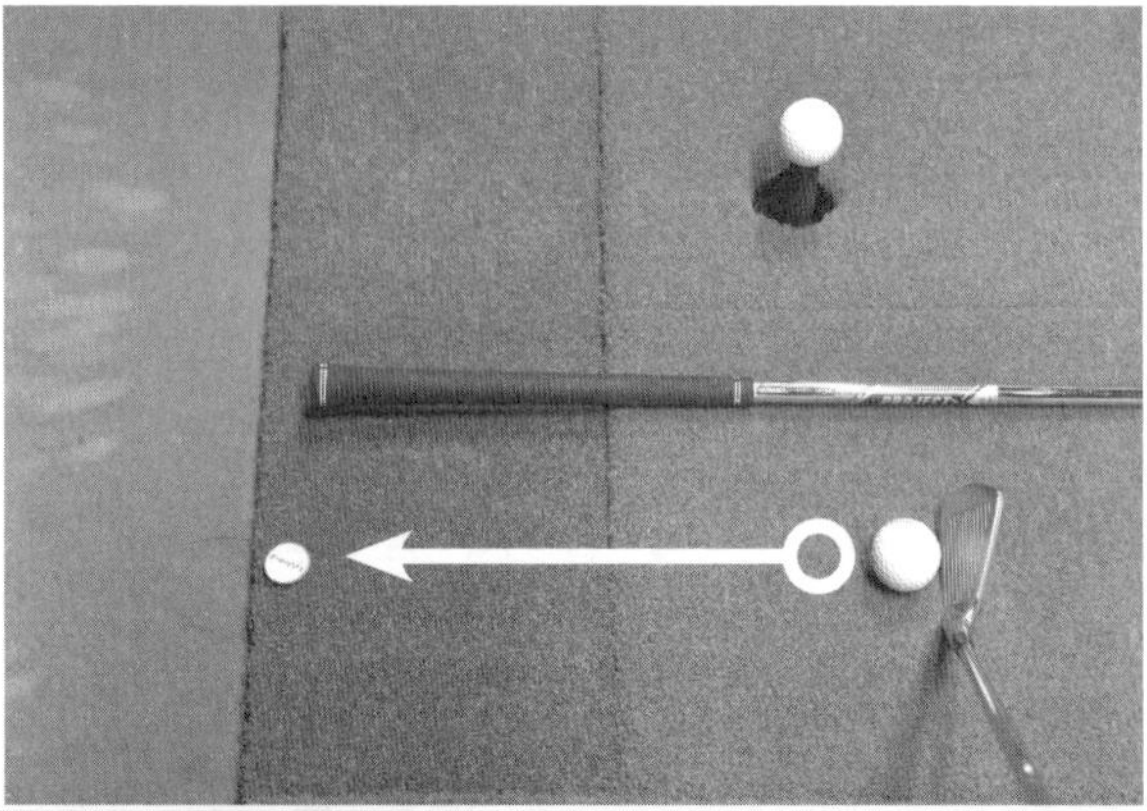

インパクトゾーンをつくる

スタンスしたつま先の前にも置くと、さらに平行に立っているかが確認できますので、やってみてください。

2. セットアップを正しく行い、アドレスを決めます

セットアップはボールを打つためにアドレスを作ることを言います。

まずクラブを右手で持ち、フェース面を目標にしっかり向けます。30センチ先の目印に向けて目標ラインに直角にします。それからスタンスを決めながら、グリップを作りながら、アドレスを作ります。

フェース面↓スタンス↓グリップ↓アドレス完成

順序をはっきりさせるとこうなりますが、フェース面を向けながら、スタンスを決めながら、グリップを作りながらです。ながらアドレスを決めてください。

セットアップの順序はいつも同じにしてください。

3. スイングします

腰～腰までスイングし、ボールを打ち出していきます。インパクトゾーンをしっかり意識しますから、バックスイングからフォロースルーまで、ボールと一緒にインパクトゾーンをしっかり見てクラブヘッドを通過させます。その後、ボールが目標方向へ打ち出せたか確認します。

この時、ボールの飛び方、方向を必ず確認します。真っ直ぐ目標に飛べばスイングは成功です。

胸～胸までスイングしボールを打ち出します。同じように、インパクトゾーンをしっかり見てクラブヘッドを通過させます。

肩～肩まで同様に行います。目標にボールが飛べばスイング成功です！

さて、この時点で真っ直ぐ目標方向にボールが飛べば成功ですが、なかなかそうはいきません。距離が違っていることがあります。

真っ直ぐ飛ぶことが第一ですが、次に距離もなるべく一定にしたいのです。

距離が違う一番の原因はダフリやトップなどボールへのコンタクト、インパクトのずれです。クラブヘッドの最下点が上下左右にずれています。

では、ずれないようにインパクトするにはどのように意識すればよいか？

○まずは回転でスイングしてボールをヒットすることを意識しましょう。
○スイング中に目線をボール、インパクトゾーンにキープしてスイングしましょう。
○頭が左右上下に動かないようにスイングしましょう。
○前傾した胸をインパクトでしっかり戻す意識でスイングしましょう。
○両ひじの間隔を広げないで、体の正面からずらさずにスイングしましょう。
○右膝、右腰を右に流さずにバックスイングしましょう。
○インパクトで体重が左足に7〜8割のっているようにしましょう。

これらのポイントは一度に意識できるものではありません。スイングしながら、ボールを打ちながら、くり返し確認していきます。

全部をできるまで、というわけではありません。スイングが一定してきて、最下点がずれなくなってくればいいのです。

最下点を意識してスイングを続けてください。だんだん、ポイントがつかめてきます。

なかなかできない動きを意識して練習しましょう!

右サイドの回転

バックスイング時に左肩がアゴの下にくるように肩を回しますが、左肩だけが動いて右に流れてしまう人がいます。

原因はクラブヘッドを真っ直ぐに引こうとしたこと、右肩右腰を後ろに回していないことがあげられます。テークバックは左肩と左腕とクラブの一体で行いますが、その時、右肩右腰の右サイドをその場で背中方向に回すようにしてください。右足内側が右に流れてしまわないようにします。

右サイドの回転を意識することによってその場の回転になり、スイング軸がぶれなくなってしっかりボールをヒットしやすくなります。クラブを肩に担いで右サイドの回転を練習してください。

ダウンスイング

ダウンスイングは間違いが起こりやすい、間違いが多い部分です。ここがうまくいけば良いスイングにグッと近づきます。

まず、ダウンスイングの初期は体の左サイドを戻すことから始め、手とクラブは置いておきます。決して先に戻そうとしないでください。左サイドのリードでダウンを始めたら、両ひじの間隔をキープし、コックをほどかずにインパクトへ向かいます。

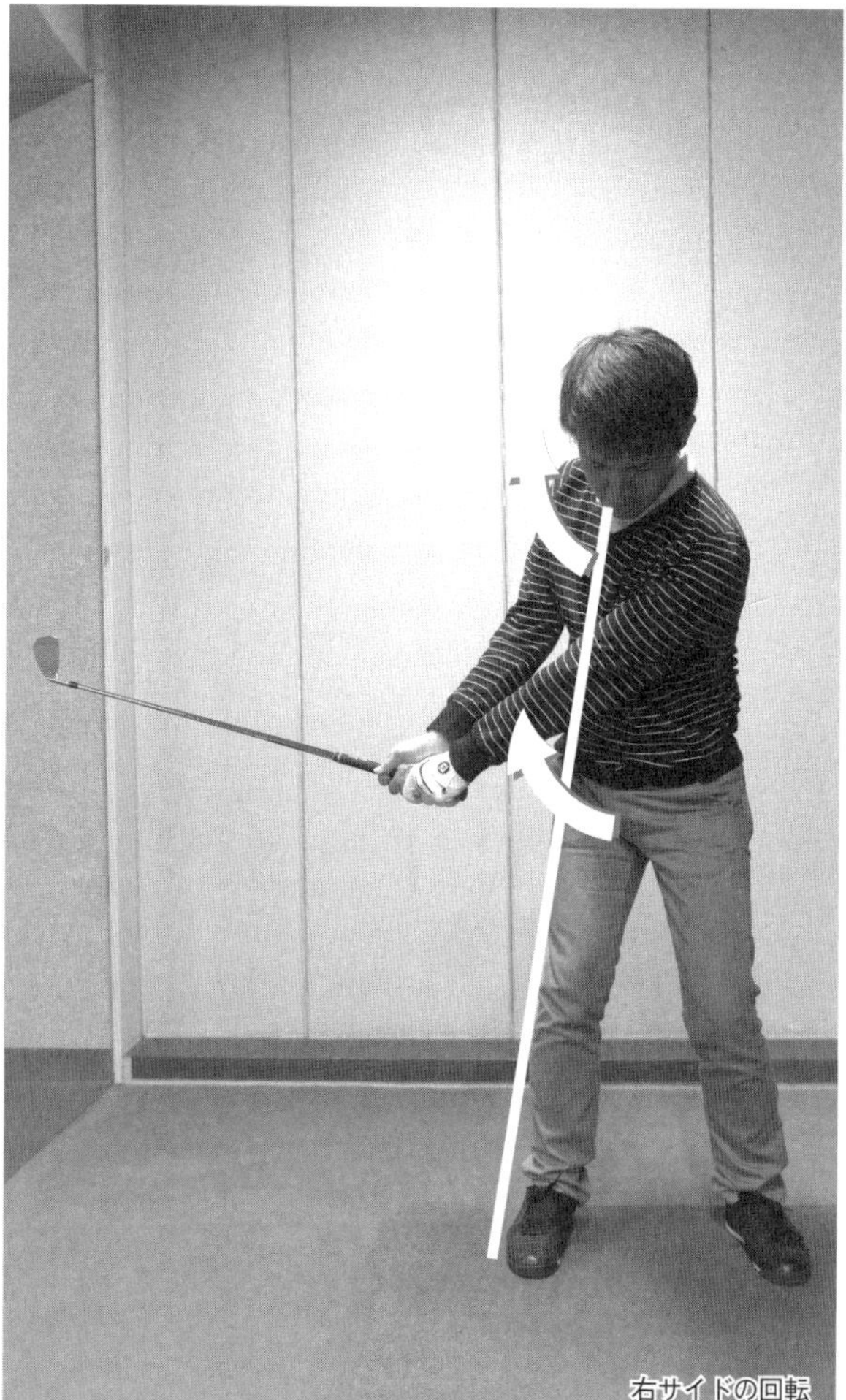
右サイドの回転

顔を残す

ダウンスイングからインパクトにかけて顔を残すことは、前傾姿勢のキープ、インパクトゾーンの意識、大きなフォロースルーに欠かせません。

肩の回転とともに一緒に顔も回ってしまうと左肩が上がってしまい、左胸も起きてインパクトしてしまいます。するとトップやダフリ、方向性にブレがおこります。

ダウンスイングは左サイドから始まりますが、その時意識してアゴから左肩を離すようにします。すると顔が残るので、そのまま正面でインパクトします。前傾姿勢を保つことができ、インパクトゾーンを意識することができるので、ナイスショットになります。

左肩をあごから離し、顔を残すようにしましょう。

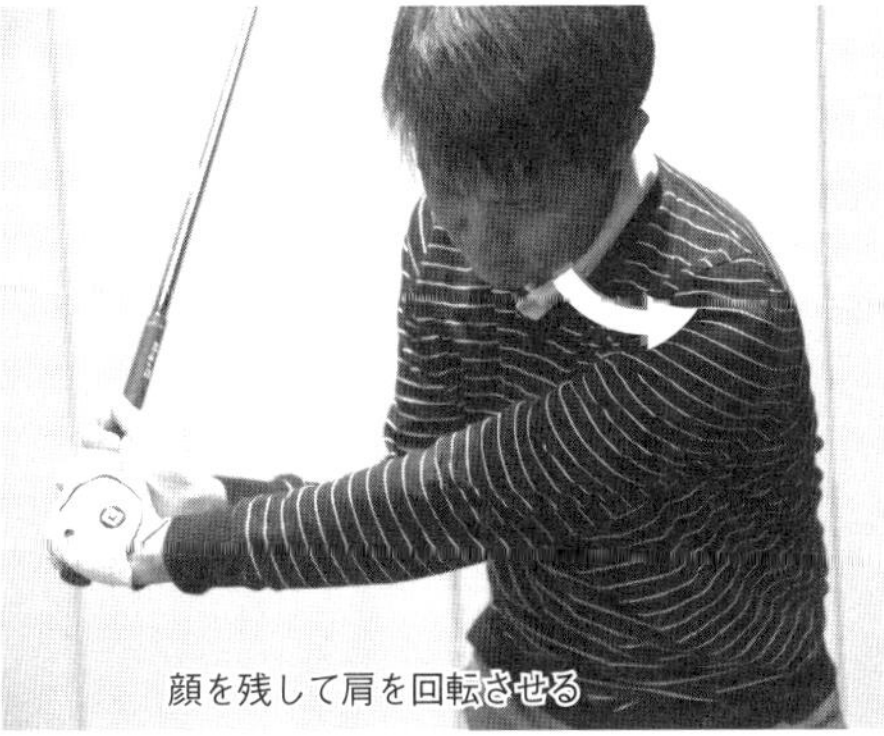
顔を残して肩を回転させる

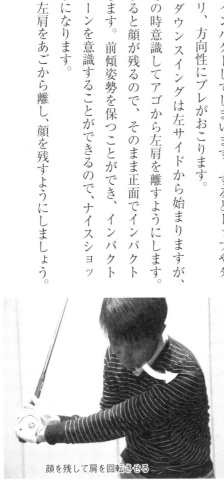

これは他のショットにも言えます。ドライバー、アイアン、アプローチ、バンカー、傾斜地、林の中など、あらゆるところで、打つ前にボールの球筋をイメージします。成功しても失敗しても、自分の打ったボール、同伴者が打ったボールをよく見てください。経験をどんどん積んで、イメージ力を高めます。

そして打つ前に、最適なボールの飛び方、転がり方をイメージできるようになると、最適なスイング、最適なショットを選択できるようになります。

練習場ではコースを思い浮かべて練習します。コースのフェアウェイやバンカー、林やグリーンなど、コースレイアウトをイメージしてボールを打ちます。

日頃からラウンドした時は、コースをよく見てください。よく見て記憶してください。イメージ力が高まります。練習場でもコースをイメージすることができ、練習内容が濃くなります。

ほかにも、スイングをはっきりイメージできるようになるために、プロゴルファーやまわりの上手な人のスイングをよく見てください。連続写真などもよく見ましょう。そしてそれを記憶してください。

スイングをイメージしながら素振りをしましょう。

スイングする前にもスイング中にも良いイメージが浮かんできたら、良いショットが増えてくるでしょう。

Column

コラム1 イメージすることが大切

私はレッスン中によく、「イメージ」という言葉を使います。

イメージはこんな感じですよ、こういうイメージで打ちましょう、打つ前にイメージしましょう、と言います。

ゴルフは頭のスポーツとも言いますが、私はいつも、ゴルフはイメージのスポーツだと考えています。

あらゆる場面でイメージします。

まずはパッティングです。

パットをするとき、必ずラインを読みます。傾斜や芝目などから、どのくらいのスピードで、どのくらい曲がるか、イメージします。するとボールからカップまでの間に、ボールがカップインするまでの道が浮き出てきます。イメージです。

このイメージは経験によって、はっきりとしたラインになってきます。調子や体調、精神面で、はっきり見えたりぼやけたり、太くなったり細くなったりします。自分の転がるボール、同伴者の転がるボールもよく見るようにしましょう。残像も見えるくらいになるといいですね。

その経験がイメージ力を高めます。

第3章　アプローチの基本

まずは転がそう！

ゴルフ場でプレーすると、思ったよりもグリーン周りで手こずることがわかります。グリーンを行ったり来たりしたり、ダフってショートしたりすることが多いと思います。そういったミスをなくし、グリーンに確実にのせるようにしなければなりません。打ち損じが一番少ないクラブはパターです。振り幅が小さい、クラブの構造上ダフリやトップが起きにくいクラブです。なるべくパターを選択したいものです。次にミスの少ないクラブは8番アイアンや9番アイアンです。ロフトが少なく、ヒットしたボールが転がりやすいので、振り幅が小さめになりミスが少なくなります。それからPW、AWと続きます。

まずはパターで転がすことができるかを考えます。無理だとわかったら、次に8～PWで転がして寄せられるかを考えます。意外といろんなところから転がせますので、試してみてください。

パターや8〜PWで転がしていると、グリーン上でのボールの転がり方と転がる距離がだんだんつかめてきて、イメージができるようになってきます。このイメージが非常に大切です。イメージを養うためにも、転がすアプローチを実践してみてください。

振り幅のイメージ

アプローチは振り幅で距離を変えるのが基本です。時計の文字盤をイメージするのが一般的ですが、最適と言えるでしょう。アドレスは6時を指しています。7時から5時、8時から4時、9時から3時と左右対称にクラブヘッドを振ります。クラブごとに距離を把握します。実際のグリーン上、アプローチ練習場で転がる距離をつかんでおきましょう。

9
8
7
6
振り幅のイメージ

アプローチの基本アドレス

アプローチはボールの転がる距離に応じて、3種類に分けてイメージします。

転がる距離が長い＝ランニング
転がる距離が短い＝ピッチショット
その中間＝ピッチ＆ラン

この3種類のアプローチは、クラブの選択、ボールの位置により打ち分けます。

○ランニング→8～9アイアン
○ピッチ＆ラン→ピッチングウェッジ（PW）、アプローチウェッジ（AW）

アプローチの基本アドレス

○ピッチショット↓サンドウェッジ（SW）

アドレスで気をつけるのは、肩の向き、スタンス幅、ボール位置、左足体重、です。

肩の向き

肩の向きは打ちたい方向に必ず平行にしてください。右肩・右ひじが前に出ないように気をつけましょう。

スタンス幅

スタンス幅は少し狭くします。振り幅や状況によって広くしますが、基本的には狭くしてください。

短い距離では、両足をほぼくっつけてしまってOKです。

ボールの位置

ボールの位置は、ボールの転がる距離に非常に影響します。

ボールの位置を右足よりにすれば転がる量が増え、左足よりにすれば転がる量が減ります。

ランニングとピッチ&ランでは真ん中〜右足前、ピッチショットでは真ん中〜左足内側にします。

左足体重

体重のかかる位置は、スイングの最下点と転がる量に影響します。

スイングの最下点がいつも一定になることにより同じインパクト、同じ転がりになります。体重のずれ、体のずれのなくなることがアプローチの上達に欠かせません。

左右の体重配分を左6：右4を基本として、転がる距離を多くしたいときは左に多く、短くしたいときは少なくします。スイング中は体重移動をしないようにしてください。

アプローチの基本セットアップ

ボールからピンまでの距離の間の、どこに最初にボールを落とすのか、どのくらい転がしたいのかをイメージします。

ボールを落とすところが決まったら、そこまでのライン上にスパット（ｓｐｏｔ＝目印）を決めます。

スパットに対し右手でフェースを直角に向け、スタンスを決めます。スタンスを決めながらグリップを作りますが、この時のグリップは通常よりも短く握ってください。グリップの真ん中くらいを握ります。そしてグリップの位置を左ももの内側にし、左手とクラブが一直線になるようにします。ただし、左ひじにはゆとりを持たせてください。

ひじが突っ張ってしまうと、ライの状況に対応したり、振り幅のコントロールがしづらくなります。

体重の位置はスタンスを決めながら左足に6割のせ、テークバックする前にもう一度左体重を意識してください。

アプローチの基本ストローク

セットアップができたら、テークバックを開始します。

手首をロックし、両ひじの間隔をキープして肩、腕、クラブを一緒に、フェースを目標に向けたまま真っ直ぐ飛球線後方へバックスイングします。肩と胸を主体に、両ひじを体から離さないでスイングしましょう。距離に応じたバックスイングからフォロースルーまで、一気にヘッドを真っ直ぐ出していきます。この時、体重を左にキープしたままにします。必ず落とすところまでの距離の振り幅でストロークしてください。振り終わったところで必ずヘッドを止めるようにしましょう。止めて

1.2.3
アプローチの基本ストローク

から1、2、3と数えましょう。そうすることで、余計な動作が入らずに、いつも安定したスイングができるようになります。

アプローチの基本練習

アプローチの練習は、方向性と振り幅による距離の打ち分けを基本とします。

まずはインパクトゾーンを作りましょう。

スイング練習と同じように、目標に対するインパクトゾーンを作ります。まずは目標を決めます。ボールの後方から目標ラインを確認します。ボールの先30cmのところにスパットを見つけます。なければ何か目印になるようなものを置いてください。アプローチは方向性が非常に重要です。スパットにフェースをしっかり直角に向けられるようにします。次にボールの向こう側に目標線と平行になるラインを作ります。専用のスティックかクラブなどを置きます。足元にも置いてくださ い。そうすることによって、より正確に目標に対するアドレスができます。

セットアップを正しく行います

次にアドレスを作ります。正しい順序でセットアップを行ってください。クラブを右手で持ち、フェース面をスパットに直角に向けます。次にスタンスを決めます。10~30Yまではほぼ両足をそろえて立ちます。それ以上距離を出す時は少しずつ広げます。スタン

アプローチの基本練習

スの両足つま先は目標線に真っ直ぐ向けます。スタンスを決めながらグリップを作ります。軽くワッグルをした後、スイングをします。

落ちるところを確認しましょう

ランニング、ピッチ&ラン、ピッチショットをいつも練習すると良いです。基本的には同じスイングから打ち分けますので、イメージできていればピッチ&ランの練習だけでもOKです。PWかAWのピッチ&ランの練習を欠かさず行ってください。時計の文字盤のイメージを持ちながら、7時から5時までヘッドを振ります。目標に真っ直ぐに飛ばせたらまずはOKです。真っ直ぐに飛ばせていないときはフェースの向きを確認しましょう。フェースの向きが合っていれば真っ直ぐに飛びます。

次に落ちるところの確認です。落ちるところが一定していればOKです。その時の距離を覚えてください。一定していないときは最下点がずれていますので、以下を確認してください。

○正しくアドレスしているか
○ボールの置く位置はずれていないか
○体重を左にキープしているか
○手首をロックしているか
○グリップが強すぎたり弱すぎたりしていないか

とくにグリップの握る強さはインパクトに影響します。緩んだグリップは手首がルーズに動きやすく、良くありません。スムーズに振れる中でしっかりとグリップするようにしてください。

8時から4時まで、9時から3時までの振り幅も同様にして練習します。落ちるところを確認し、その時の距離を覚えます。いつも同じ練習をくり返し、体に染み込ませてください。

ピッチショットは簡単です

ピッチ&ランの練習をしていれば、ランニング、ピッチショットもクラブを替えるだけで行えます。

8番~9番アイアンに持ち替えれば、ランニングアプローチとなります。気をつけるところは転がる距離です。思ったよりも転がるので、できればゴルフ場のグリーンで確認しておきましょう。

ピッチショットはSWに持ち替えます。ピッチショットを打つのは、バンカー越えや砲台グリーンなどボールを転がせない時です。SWにはロフトが多く56度以上あるのが普通ですので、基本のアプローチで十分に球を上げることができます。ピッチショットで気をつけるところは、ボールの高さが一定しているかどうかです。正しいアドレスで最下点が同じになっていれば、ボールの高さと落ちるところが一定します。高さのイメージは練習でつかんでおきましょう。ボールの位置で高さが変わるので、ボールをスタンスの真ん中に置いた時と左足寄りに置いた時のボールの打ち出す高さを確認してください。

30Y・50Y・70Yの打ち分け

ピッチショットの延長として距離の長めのアプローチを行います。

スイングの練習で行う腰～腰まで、胸～胸まで、肩～肩までの振り幅をイメージします。

(例) SWで腰～腰まで＝30Y、胸～胸まで＝50Y、肩～肩まで＝70Y

これはAWで行ってもOKですし、SWの場合で20Y、40Y、60YとなってもOKです。これは人によってもクラブによっても変わってきますので、振り幅をしっかり確認して距離を打ち分けてください。その距離を必ず確認してください。

バンカーもアプローチです

バンカーショットというと、皆さん特別なことをしないといけないと思いがちですが、そうではなく、バンカーショットはアプローチの一部分だと思って下さい。ボールの下が芝と砂の違いだけです。

砂地では少しでも最下点が手前にずれると、クラブヘッドが砂に潜ってしまいボールを前に飛ばせなくなります。ダフリの影響をもろに受けるわけですが、SWにはクラブヘッドが砂に潜るのを防ぐために、ソール後方にでっぱりがつけられています。これをバンスと言い、このバンスがバンカーショットのカギとなります。バンスのお陰で最下点が手前でもヘッドが潜りこまず、ナイスアウトでき

ます。

まずはピッチショットしてみよう

ＳＷにはダフリにくくなるバンスが付いていますので、まずは普通のピッチショットのスイングをしてみましょう。

注意するのはアドレスと振り幅です。スタンス幅は肩幅より少し広めにします。腰をいつもより少し低くし、下半身を安定させます。ボールの位置は左足寄りにし、体重は左６割です。振り幅は胸～胸まで、肩～肩までを行います。通常のアプローチでは胸～胸までで50Ｙくらいとなりますが、バンカーの場合約10Ｙ、肩～肩までで70Ｙのところをバンカーでは約20Ｙとなります。

バンカーショットは手前５㎝くらいからソールが砂に触れても上手くいくことがありますが、できるだけボールの近くに最下点がくるように、ナイスショットするつもりでスイングしましょう。ここで注意することは、勇気をもって思い切りよくスイングすることです。振り抜くことがバンカーショットの成功につながります。

フェースを開いて打つ練習

ＳＷについているバンスは、フェースを開くことによってより機能します。フェースを開いてバンカーショットをすることによって、いろいろな状況に対応できるようになります。フェースを開く練習をして、慣れておきましょう。

フェースを開く時は、必ずハンドダウンにしてから行います。ハンドダウンにすることでフェースは左を向きますが、それを開くことでスムーズに目標に合わせやすくなります。右手でクラブを持ち、フェースを右に向けてから両手で握ります。アドレスは少し目標よりも左を向き、ハンドダウンに構えます。スタンス通りにスイングします。練習場では胸～胸までを練習します。バックスイングではいつもよりも早くコックします。振り抜く時もフォロースルーでコックすることを意識しましょう。ボールが高く飛べばＯＫです。クラブヘッドがボールの下を抜けていく感覚、バンスがマットをこする感覚がつかめればＯＫです。ロブショットの練習にもなります。

バンカーショットは練習できないから難しい

ゴルフ場やゴルフ練習場において、バンカー練習場はある所とない所があります。ある所に行ければ良いですが、なかなかそうはいきません。バンカーも練習ができれば必ず上達します。

ではどうすれば練習を増やせるのでしょうか？　それは基本練習をしっかりすればＯＫです。ＳＷの胸〜胸までのアプローチをしっかり練習して、最下点を一定させましょう。それからバンカーショットのアドレスをして練習します。最下点が一定するように練習すれば、バンカーではなくてもバンカー練習になります。

第4章　パットの基本

私がゴルフを始めたころは、「パットに型なし」などと言われていましたが、基本でのパットは型がとても大切です。

その型とは、目標ライン上にボールを転がせる型です。目標ライン上にボールをいつも転がすことができれば、カップに入れる確率がどんどん上がります。

フェース面が目標ライン上に直角に、真っ直ぐにストロークされればボールは真っ直ぐに転がります。

パットの基本は、アドレスとストロークにあります。

パットの基本グリップ

パットのグリップはできるだけ手首を使わない、使わせないグリップになります。

まず、両手とも手のひらの生命線にそって、左右横からグリップを持ちます。両親指はグリップの真上の平らな部分に置きます。

左手の人差し指を、右手の指の上にのせます。これを逆オーバーラッピングと言います。左手甲側に手首が折れにくくなります。

両手をできるだけ密着させ一体感を出しましょう。

グリップの強さはストロークの安定、インパクトの安定を重視した強さになります。強すぎは腕や肩に力みが出ていけませんが、弱すぎ、緩みすぎもいけません。弱すぎて緩むと、手首がグラつき、パターヘッド、フェース面を真っ直ぐ目標に出せなくなり、方向、距離も合わな

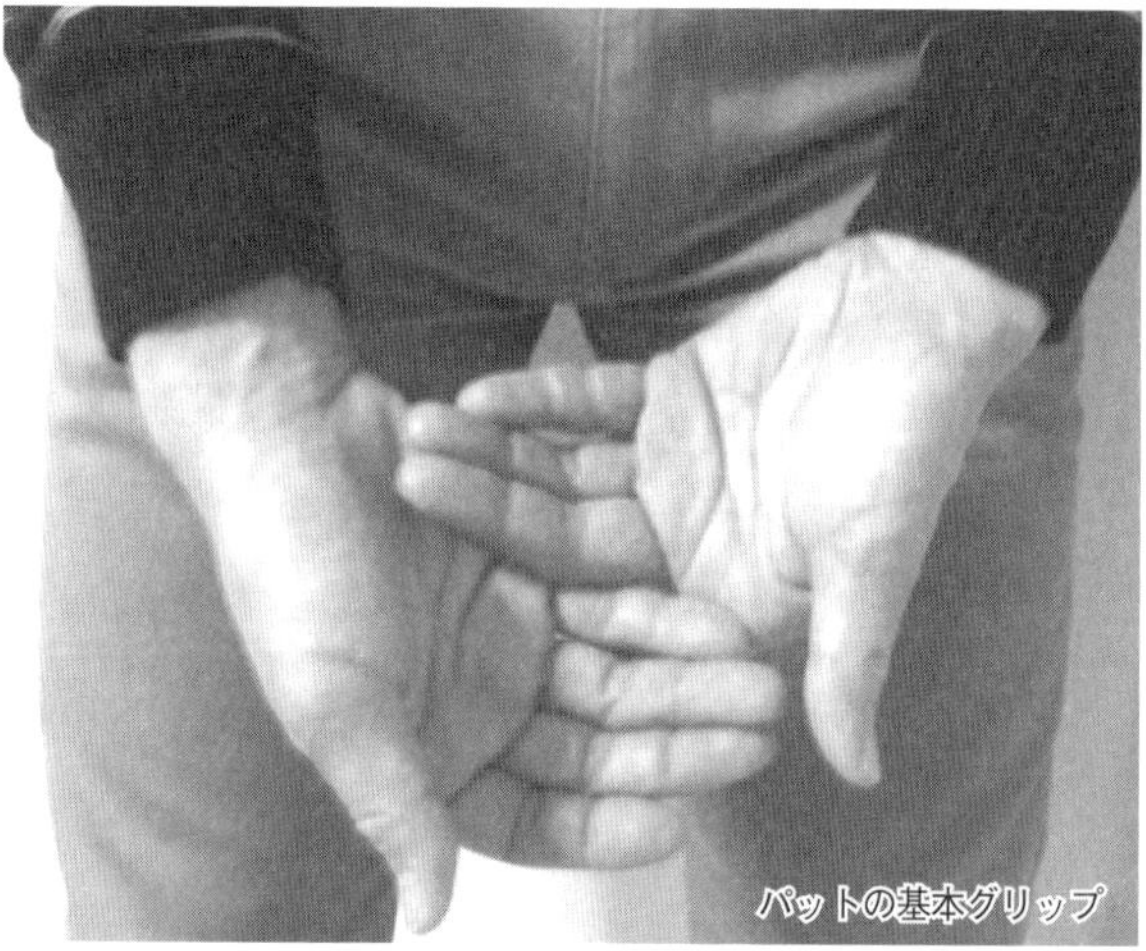

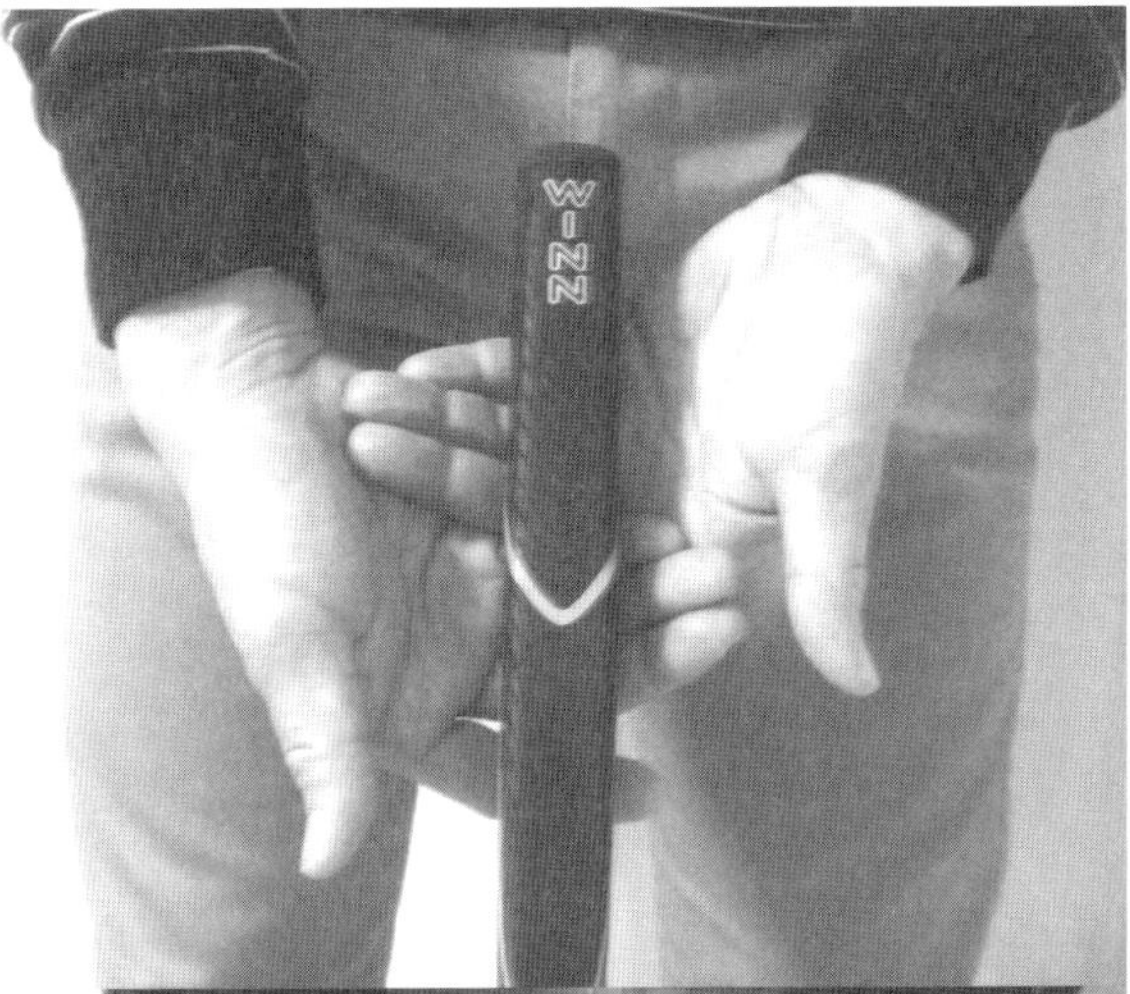

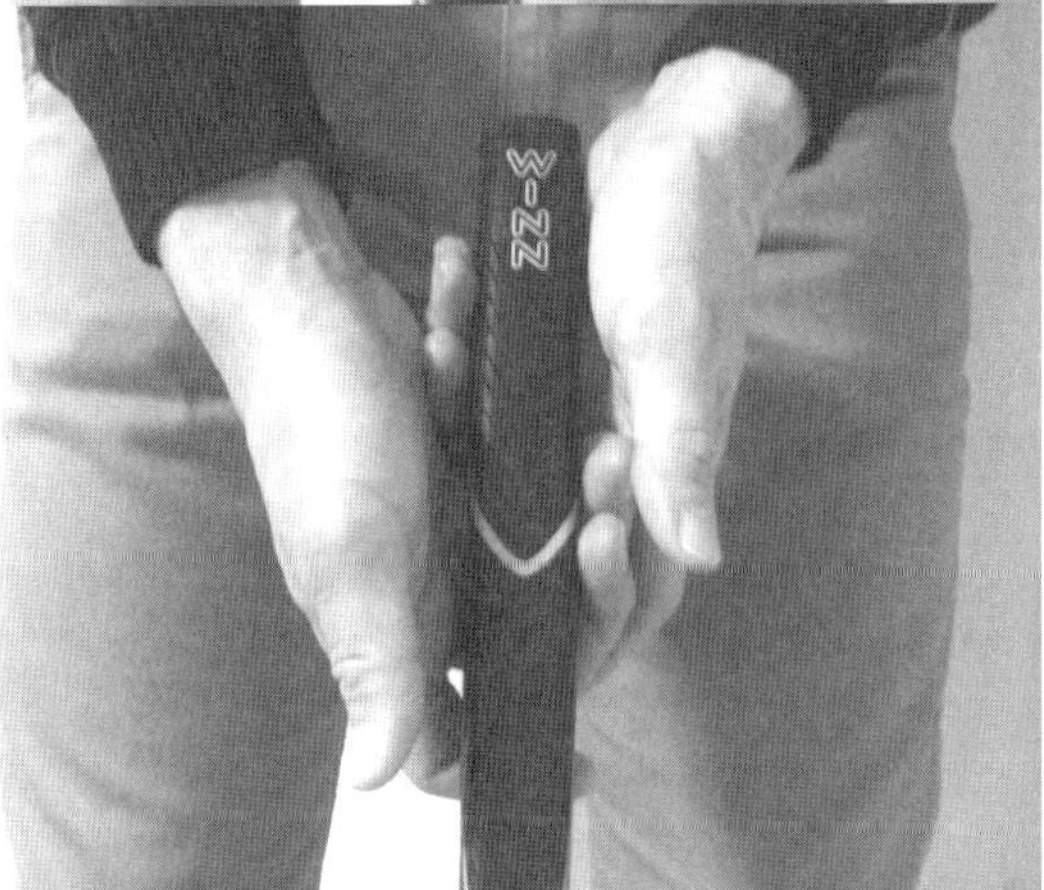

くなります。グリップの太さやパターの重さによっても変わりますので、ちょうどいい強さをいつも意識してください。両手一体でグリップできれば、それほど強くなくても安定します。

パットの基本アドレス

アドレスで気をつけるポイントは、ボールを真上から見ることです。

パターのソールはグリーン面にぴったりと付くようにし、トゥやヒールが浮かないようにします。

前傾姿勢を深くとり、顎を引き、ボールの真上に左目がくるようにします。

膝は軽く曲げ、スタンス幅は肩幅くらいにします。両ひじは曲げて、両肩、両ひじは同じ高さになるようにします。

両手は胸の下にくるようにします。

パットの基本アドレス（真上からボールを見る）

パットの基本アドレス（両肩・両ひじを平行に）

体重は五分五分、土踏まずの上にしっかりのります。

パットの基本ストローク

基本アドレス、基本グリップができたら、基本ストロークでボールを転がします。ストロークは直線ですが、グリップ、ひじ、肩の縦回転でヘッドを動かします。セットアップは基本スイングとほぼ同じです。

目標ライン上にスパットを必ず見つけてください。右手でフェースをスパットに直角に合わせます。そこにフェースを合わせます。この時、必ずボールの真上から見て行います。それからスタンスをパッティングラインに平行に決め、両肩を平行にしながらグリップを作ります。その間、目はボールの上にキープします。

アドレスが決まったら、1~2度ボールからラインをたどってカップを確認しましょう。必ずラインの先にあるカップを見てください。それからストロークを開始します。

フェース面を目標に向けたまま、ヘッドをライン上に真っ直ぐテークバックします。

この時、手首をロックして動かさず、両肩の縦の回転で、両ひじ、グリップ、ヘッドを一緒に動かします。ヘッドは少しずつ地面から離れ上がっていきます。

この時、頭、目線、下半身など意識してキープしておきます。

次にヘッドを真っ直ぐ戻してインパクトします。ヘッドは少しずつ地面に向かって下がってきます。フェース向きは

パットの基本ストローク

変えずに目標に向けておきます。

最下点から少し先でインパクトします。ストローク中、グリップを握る強さは変えません。そして加速しながらインパクトします。

インパクト後もフェース向きを変えずに、ボールを追いかけるようにヘッドが進んでいきます。フォロースルーをしっかり出しましょう。

パットの基本練習

パット練習はなかなかできません。しかし家でも練習できるのがパットです。

パットの練習には、ストロークを安定させる練習と、距離感をつかむ練習があります。

日頃できるのはストロークを安定させる練習になります。インパクトのフェース向きとインパクトゾーンです。

短い距離で練習します。50〜60㎝の距離から始め、1ｍまでで十分です。平らな所を探し、真っ直ぐストロークする、真っ直ぐ転がす練習です。

連続して真っ直ぐ転がすことができていればＯＫです。真っ直ぐ転がっていない場合、フェース面のずれ、インパクトゾーンのずれがあります。その原因はたくさんありますが、まず正しいアドレスをしているかを確認します。アドレスに問題なければ、ストロークがブレているので修正します。

確認ポイントは、目線、肩、テークバック

ストローク中、目線は常にボールの真上、インパクトゾーンの真上にあるようにします。

目線はだいたいカップもしくはボールを追いかけていってしまいますので、インパクト後まで変えないでください。

↓ボールの下にテープを張っておきます。ストロークした後、それを見ているようにします。

肩は目線と連動していることが多いのですが、インパクト時に右肩が前に出ていることが多いです。右肩が前に出ているとストロークが真っ直ぐになりづらいので、手先で合わせようとしてしまいます。すると方向性や距離感を合わせづらくなります。ストローク中は必ず両肩がパッティングラインに平行になっているようにします。

↓両脇の下にクラブを通してアドレスし、ストロークします。ストローク中、両脇に通したシャフトが縦に動くようにストロークします。

テークバックでヘッドが波うっていたり、真っ直ぐ動かせないとインパクトがずれやすくなります。

↓正しくグリップできているか確認してください。グリップした後、体を起こしてヘッドを持ち上げてみます。その時に両ひじでクラブを支えていればＯＫです。

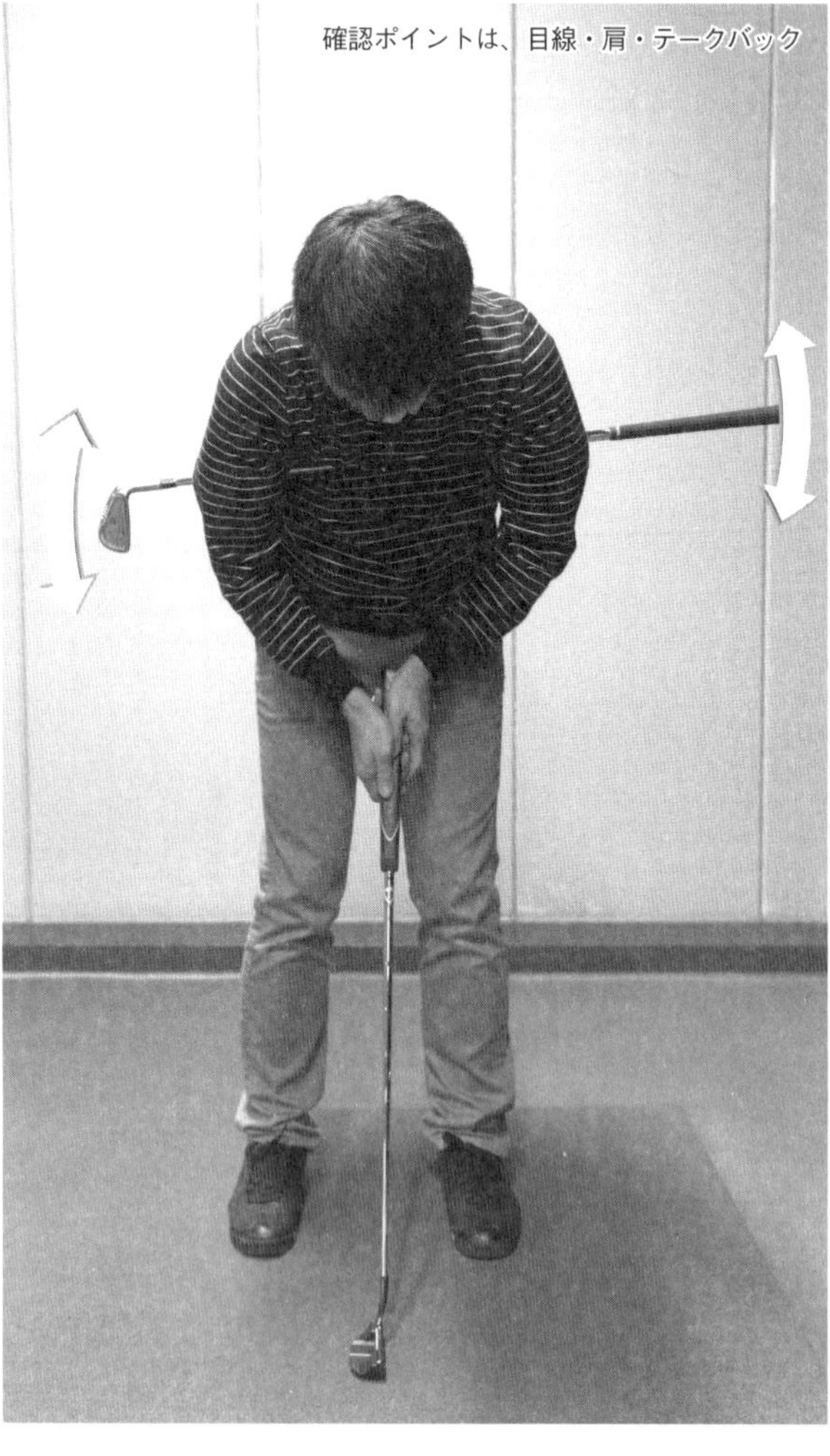
確認ポイントは、目線・肩・テークバック

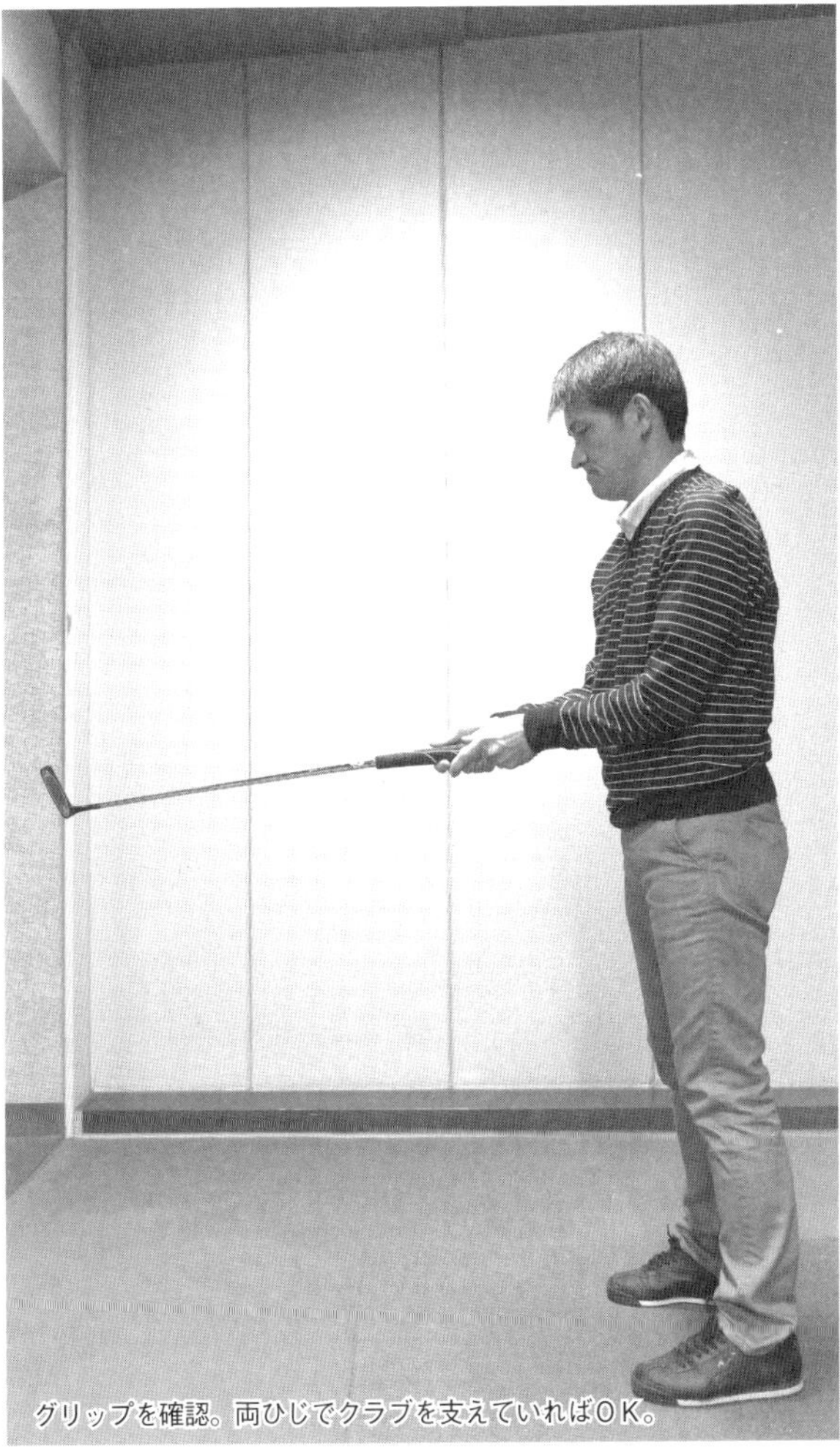

グリップを確認。両ひじでクラブを支えていればＯＫ。

両ひじを体から離さず、両肩、両ひじ、グリップを一体にしてストロークします。

ゴルフ場のパッティンググリーンをしっかり利用して、距離感をつかみましょう

練習するのはまず、ロングパットです。

気持ちよくテークバックし、気持ちよくストロークしてください。フォロースルーも気持ち良く出してください。

そして転がった距離を歩測します。少し大股に歩いて1歩＝約1Y（約91㎝）として数えます。それを覚えておきます。はじめのうちはミスヒットして転がらなかったりしますが、だんだんしっかり打てるようになってきますので、繰り返し練習しましょう。

次にカップから10ヤードの距離を歩測した後、距離を合わせる練習をします。テークバックの大きさを確認しながらストロークします。ヘッドを加速してインパクトし、フォローはテークバックより少し大きめに出します。

この練習を繰り返して、まずは自分の距離の基準を作りましょう。繰り返すことによって勘が養われてきます。

そしていつも歩測する習慣を身につけましょう。距離を見た目だけでなく数字にすることで、ストロークやインパクトの強さのイメージがわいてきます。

グリーンの読み方

グリーンの読み方はまず全体の傾斜を読みましょう。

グリーンに向かう時、グリーン全体の形、傾斜、マウンド、段差など見ておきます。

昔からの2グリーンのコースは、基本的には少し小さめで、グリーンに向かって奥が高い「受けグリーン」と呼ばれるものが一般的です。傾斜は比較的単純で、手前から奥に向かって上っています。

一方、最近のコースではアメリカンタイプと呼ばれる非常に大きな1グリーンです。形もさまざまにあり、マウンドがたくさんあったり、2段、3段、と段差が付いているものなどがあります。ラインが読みづらく、カップインするのがとても難しいグリーンです。

ですが、基本的なグリーンの読み方はどんなグリーンでも同じです。

まず全体の形、傾斜を見ます。次にボールからカップ方向へのラインを見ます。ラインを見る時はなるべく低い位置から見るようにしましょう。次に歩測しながらカップまで行き、反対側からもラインを見ます。戻りながらラインの横から上りか下りかを見ます。

最後にもう一度ボールの後方からカップ方向を見て、最終的にラインを決めます。

ラインを決めるポイント

○ボールとカップを結んだ線上の傾斜を読む（曲がり幅）
○カップまでの傾斜が上りか下りか読む（スピード）
○その日のグリーンの転がるスピードを読む

○総合してカップまでの転がるラインを決める

曲がり幅はスピードによって変わりますので、必ず上りか下りかよく読んでください。その日のグリーンの速さもプラスして曲がり幅が決まります。

ラインが決定したらライン上にスパットを決めます。スパットは曲がり幅の頂点、曲がりだすところまでに直線を引き、そのライン上に決めます。カップまでの距離とグリーンのスピードから、ストロークの振り幅、強さを決めます。素振りを数回した後、正しくセットアップしてボールを打ちます。

グリーンの読み方を説明しましたが、これは時間をかければいいというものではありません。限られた時間内で素早くラインを読むクセをつけていただきたいと思います。グリーン上では要領よく、同伴者のラインも参考にしながらグリーンを攻略してください。

くれぐれもスロープレーにならないようにお願いします。

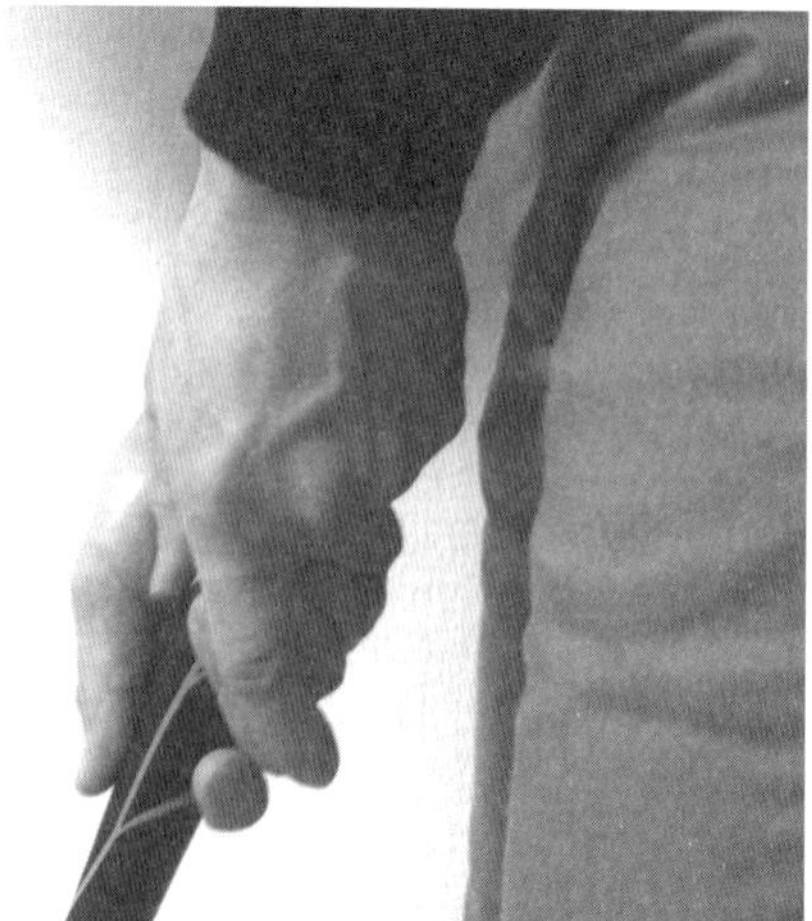

第5章　傾斜の基本

傾斜からの対処法を知りましょう

ゴルフ場では、傾斜地にボールが止まることがあります。平面と同じようにスイングしてもあたらなかったり、曲がったりしてしまいます。これはゴルフ場に行かないと経験できません。練習場で普通に打っていても、傾斜からはうまくいきません。

では、どうしたらよいのでしょうか?

傾斜での構え方、振り方、ボールの飛び方を知れば対応できます。傾斜地からのショットを成功させるポイントは素振りをすることです。素振りをして、下半身が安定するアドレス、スイングの最下点、どのくらい振ることができるかを確認してください。傾斜の度合いによって使える番手が変わってきます。素振りをすれば、だいたいのアドレスがわかってきます。それから、傾斜の法則にしたがってセットアップしてボールを打ちます。

まず、ボールから少し離れた所で、目標にボールを飛ばすつもりで素振りをします。この時に傾斜の度合いを確認します。緩やかな斜面であれば体も回りますので、スイングも大きくできます。傾斜がきつくなってくると、下半身が動かせなくなってくるので体が回らなくなり、スイングも小さくなってきます。

2～3回素振りをして、振れる大きさを確認してください。

この素振りでもうひとつ確認するのが、最下点です。素振りをした時に、芝や地面のどこにソールがあたるかを確認します。通常のボール位置を基準にして確認してください。通常と最下点が大きくずれている場合は、アドレスが間違っています。まずはボールとの距離を確認しましょう。近すぎれば最下点は右にきて、ダフリやすくなります。離れすぎればトップや空振りになります。

次にクラブを短く持ちましょう。傾斜がきつくなるほど短く持ちます。

上がり系

傾斜の中でも上がっているものは、左に飛びやすい、フックしやすい、という共通点があります。目標の右を狙っていく必要があります。

左足上がり

左足上がりの傾斜は、おもに打ち上げのホールや谷や崖に落ちてしまった時にあります。

まずは傾斜に立ってみましょう。立ち方は、上半身は傾斜に沿って立ちます。下半身は腰の位置を左にして、体重を左足寄りにします。これは傾斜に沿ってクラブヘッドを振り抜くために行います。緩やかな傾斜の場合は、上半身を平面と同じようにに真っ直ぐにしやすいですが、傾斜が大きくなるにつれて上半身が右に寄り、体重が右足に多くかかるようになります。左腰を左足にのせ、意識的に左足に体重をかけていきます。

立ち方がイメージできたら、次にクラブを持って素振りします。振り幅と最下点を確認してスイングしてください。振り幅は下半身が安定していられる幅です。最下点がずれていないか確認し、ずれていなければそのままアドレスして打ちます。ずれていたら下半身の位置、スタンスの幅、前傾姿勢、クラブを持つ長さなど確認し修正します。修正ができたら、そのままアドレスしてボールを打ちます。

■セットアップの注意点

左足上がりは左に曲がりやすくなります。傾斜の度合いからどのくらい左に曲がるか推測し、曲がる分だけ目標の右に狙いを定めます。左足上がりは打ち上げていくことが多いのと、傾斜なりに振っていきますので、ショートすることが多くなります。ワンクラブ大きいクラブを選択しましょう。傾斜がきつい場合は無理せず、打ちやすい所まで運ぶようにしましょう。

■左足上がりでのスイング

左足上がりでのスイングは、ややアッパー軌道でインサイドアウトに振ると、傾斜に沿って振りやすくなります。傾斜がきつくなるにつれ体が動かせなくなりますので、振り幅を抑えて腕でスイングします。

つま先上がり

つま先上がりの傾斜は、おもにティーショットを右に飛ばしてしまった時にあります。

まずは傾斜に立ってみます。足の裏や足首や膝で傾斜の度合いを確認します。体重のかかる位置を確認し、バランスの取れる位置を探ります。

次にクラブを持って素振りをします。振り幅は、下半身が安定を保てる範囲にします。傾斜が緩い場合は長めのクラブでも振れますが、最下点をよく確認しましょう。傾斜がきつくなるにつれて、短いクラブを選択しなくてはならなくなります。

グリップも短く持ちます。よく素振りをして最下点を確認します。素振りの時、体がうしろに下がってしまったり、体が起き上がってしまったりする時は、立つ位置がボールに近すぎたり、傾斜に対してクラブが長すぎたりしています。

バランスの取れるアドレス、最下点、クラブの振る範囲がイメージできたら、しっかりセットアップしてボールを打ちます。

■セットアップの注意点

つま先上がりはボールが左に飛びます。傾斜の度合いからどのくらい左にいくのかを推測して、曲がる分だけ目標の右に狙いを定めます。

ロフトの多いクラブほど左にいきますので注意しましょう。特に100Y以内のつま先上がりで、PWやAWなどを選択した時にはかなり左に飛びます。8番や9番で振り幅を抑えて打つほうが良い場合もあります。

■つま先上がりでのスイング

傾斜が緩やかな時は通常のスイングでＯＫです。傾斜がきつくなるにつれ体を回せなくなります。クラブも水平に振るようになります。この時は両ひじを使ってうまく腕で振りましょう。

下がり系

傾斜の中でも下がっている場合は、右に飛びやすい、スライスしやすい、という共通点があります。目標の左を狙っていきます。

左足下がり

左足下がりは、おもに打ち下ろしのホールや、谷、グリーン奥などにあります。

まずは傾斜に立ってみましょう。立ち方は、傾斜に沿って立ち、体重が左に多くかかります。傾斜がきつくなるにつれ、より左に体重がかかりますので、バランスが取れるように、意識的に右に体重をかけます。

立ち方がイメージできたら、次に素振りをします。振り幅と最下点を確認しながらスイングしましょう。振り幅は下半身が安定を保てる範囲にします。最下点がずれている場合はクラブ選択、グリップを持つ長さ、スイング軌道などを確認して修正してください。修正ができたら、そのままのイメージでアドレスし、ボールを打ちます。

■セットアップの注意点

左足下がりの傾斜は右方向へ飛びやすくなります。傾斜の度合いによってどのくらい右に飛ぶかを推測して、曲がる分だけ目標の左に狙いを定めます。長いクラブほど右に飛びやすくなります。傾斜が緩やかでフェアウェイウッドなどでも打てる場合には、上手く打ててもかなり右に飛びやすいので、十分に左に狙いを定めて打ってください。

■左足下がりでのスイング

傾斜に沿って打ちますので、ボールの飛ぶ高さは低くなります。無理に高く上げようとしないようにしてください。バックスイングでインサイドにクラブヘッドを引かないように注意しましょう。意識的に上から下へスイングして、フォロースルーはスタンスに沿って低く振り抜きます。フィニッシュも低く抑えましょう。

つま先下がり

つま先下がりの傾斜はおもに、ティーショットを左に飛ばしてしまった時などにあります。

まずは傾斜に立ってみます。足の裏や足首や膝で傾斜の度合いを確認します。体重のかかる位置を確認し、バランスの取れる位置を探ります。

次に素振りをしましょう。振り幅と最下点を確認します。振り幅は下半身の安定を保てる範囲の振り幅にします。最下点がずれている場合は前傾姿勢、膝の高さ、ボールとの距離など確認して修正します。傾斜がきつくなるにつれて膝を深く曲げ、ボールとの距離を調整します。よく素振りをして最下点を確認します。素振りの時、体が起き上がってしまったり下半身が不安定な時は、立つ位置がボールに近すぎたり、傾斜に対してクラブが長すぎたりしています。バランスの取れるアドレス、最下点、クラブ選択ができたら、しっかりセットアップしてボールを打ちます。

■セットアップの注意点

つま先下がりの傾斜は右に飛びやすくなります。傾斜の度合いからどのくらい右にいくのかを推測して、曲がる分だけ目標の左に狙いを定めます。長いクラブほど右にいきやすくなります。十分に左に狙いを定めてください。

■つま先下がりでのスイング

前傾姿勢をキープし、膝の高さを変えないようにスイングします。傾斜が緩やかな場合は、下半身の安定を意識してコンパクトなスイングをします。傾斜がきつい場合は下半身を動かせませんので、振り幅を抑えて腕の振りでスイングします。

傾斜の練習方法

傾斜の練習はコースでもなかなかできません。とは言え、少し工夫すれば練習場でもできます。使用クラブは7番アイアンです。

左足上がりの練習方法

高いティーにボールをのせます。左足の下にボールカゴを踏みます。クラブを短く持ち、コンパクトなスイングでボールを打ちます。ボールカゴがなければ両膝を深く曲げて、さらに右膝を深く曲げて立ちます。ボールを右から見て、コンパクトなスイングでボールを打ちます。

アッパー軌道でスイングし、傾斜に沿って振る感覚を練習します。

左足下がりの練習方法

低いティーにボールをのせます。右足の下にボールカゴを踏みます。クラブを短めに持ち、コンパクトなスイングでボールを打ちます。

ボールカゴがなければ両膝を深く曲げ、さらに左膝を深く曲げて立ちます。コンパクトなスイングでボールを打ちます。

上から下にクラブを振り、傾斜に沿って振る感覚を練習します。

つま先上がりの練習方法

高いティーにボールをのせます。両膝を深く曲げます。クラブを短く持ち、コンパクトなスイングでボールを打ちます。または、クラブを短く持ち、クラブヘッドを膝から腰の高さぐらいに持ち上げて構えます。その高さを保って素振りします。水平にスイングする感覚を練習します。

つま先下がりの練習方法

低いティーにボールをのせます。両膝を深く曲げます。クラブを短く持ち、曲げた膝を最後まで伸ばさずにコンパクトなスイングでボールを打ちます。素振りでも同様に行い、膝の高さを変えずにスイングする感覚を練習しましょう。

傾斜の練習は疑似体験になりますが、イメージをしっかりふくらませて行うことでとても良い練習になります。フック、スライスを打ったり、ボールの高低を打ち分けたりもできるようになります。ぜひ練習してみてください。

高いティーにボールをのせる

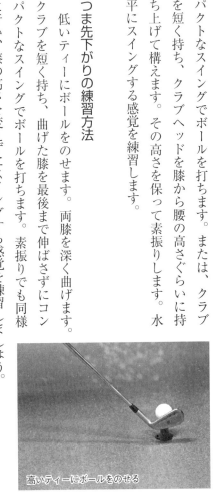

しんでいるようです。それと同じくシューズやベルト、キャップなどアクセサリー類も大変オシャレになりました。

ゴルフショップへ行くと、いろんなアイテムがあふれています。見ていると、どんどん時間が過ぎていきます。

なぜこのような話をしているかというと、ゴルフが楽しくなるからです。新しいクラブを買えば、早く打ちたくなってワクワクします。新しいウェアを買えば、早くゴルフ場へ行きたくなります。プレーで楽しむのが一番ですが、別の所でも楽しみがあれば、モチベーションが上がります。ゴルフが上手な方は、道具にこだわりが増えてきます。クラブやウェアも好きなメーカーやブランドが出てきます。

早いうちからこだわりをひとつ、ふたつと意識して増やしていくと、ゴルフのプレーにもこだわりが出てくるでしょう。上達が早くなります。

全てのアイテムにこだわりを持つのはなかなか難しいと思いますが、ひとつでも良いので、自分のこだわりの物をみつけましょう。

ゴルフするのが楽しくなりますよ。

Column

コラム2　道具を楽しむのもゴルフです

ゴルフはアイテムの多いスポーツです。ゴルフクラブは 14 本もあり、ボール、グローブ、キャディバッグ、ヘッドカバー、ゴルフシューズ、ティー、マーカー、グリーンフォークなど。

他にもルールブックや、距離計測機、傘、レインウェアなど、キャディバッグからいろいろなものが出てきます。これらのアイテムにこだわりのある人、ない人がいます。私はそれほどこだわらないですが、それでも自分の気に入ったアイテムを求めています。

ゴルフクラブは以前に比べて、すごく選択肢が広がりました。シャフトの種類やグリップの種類が増えて、それぞれに組み合わせることができます。フィッティングによって、かなり自分に合うクラブを見つけられるようになりました。

以前は、自分がクラブに合わせなくてはなりませんでした。今では試打をしてからクラブを選ぶのが普通になってきています。自分に合ったクラブは自分を助けてくれますから、できればこだわりたいところです。

ゴルフウェアも選択肢が広がりました。以前では考えられないような派手なウェアや、女性用のカラフルなウェアも増えました。思いおもいのウェアを皆さん楽

筆者のクラブセッティング

第6章　ラウンドの基本

1時間前にはゴルフ場に到着しましょう！

ゴルフの朝はたいてい早いです。5時、6時に家を出るというのは普通です。もっと早い場合もあります。仕事が遅くなり睡眠不足な時もあるでしょう。そんな時はギリギリまで寝ていたいものです。ギリギリに着いても、ゴルフはスタート時間に間に合えば大丈夫です。しかしプレーの方は大丈夫でしょうか？　着いてすぐティーに立つより、時間に余裕があるほうがいいです。さらに練習したりストレッチしたりする時間があればもっといいです。気持ちに余裕ができます。体も動きます。打つ前にコースマネージメントを考えることもできます。

では、その時間はどのくらいあればいいのでしょうか？

（例）

○チェックイン〜貴重品預け〜ロッカールームにて仕度〜トイレ……10分
○練習場……15分
○パッティング練習……10分
○トイレ……5分

合計40分。スタートの10分前にティーグラウンドに行くのが基本ですので、それもプラスすると、スタートの50分前にゴルフ場に到着していればOKです。1時間前に着くようにすれば、余裕のあるスタート前の時間を過ごせます。

朝イチのドライバーも少しは落ち着いて打てるようになります。

ゆっくりコーヒーを飲んだり、朝食を食べたりするなら、さらに15分〜20分前に着くようにしましょう。

スタート前にやっておきたいストレッチ

さてロッカールームで仕度し、トイレも済ませたら練習です（残念ながら練習場がないゴルフ場もあります。その場合はパッティングをしっかり練習します）。

その前に、身体を起こしてあげましょう！　朝起きてから時間は過ぎていますが、体はそれほど動かしていませんから、いきなりクラブを振ることやボールを打つことは危険です。とくに冬の寒い時期は十分に行ってください。

1．大腰筋をストレッチしましょう

腰の前についている大きな筋肉です。前傾姿勢で強い力を発揮します。ゴルフスイングではアドレスの前傾姿勢をキープする土台となり、ウェートシフト時に左右の体幹バランスに関わります。

■パターン1

足を前後に開いて立ちます。後方にある足を足の前側が地面を向くように寝かせます。前方の足に体重をかけるように膝を曲げます。上体を起こして、手をお尻の少し上あたりにつきます。お尻についた手を腰の前方に向かって押します。10秒間ストレッチします。

■パターン2

太ももの前面の大腿四頭筋も伸ばしておくとより効果的です。立った姿勢で片膝を曲げて後ろ手で持ちます。膝を後方に引くようにして伸ばします。10秒間ストレッチ

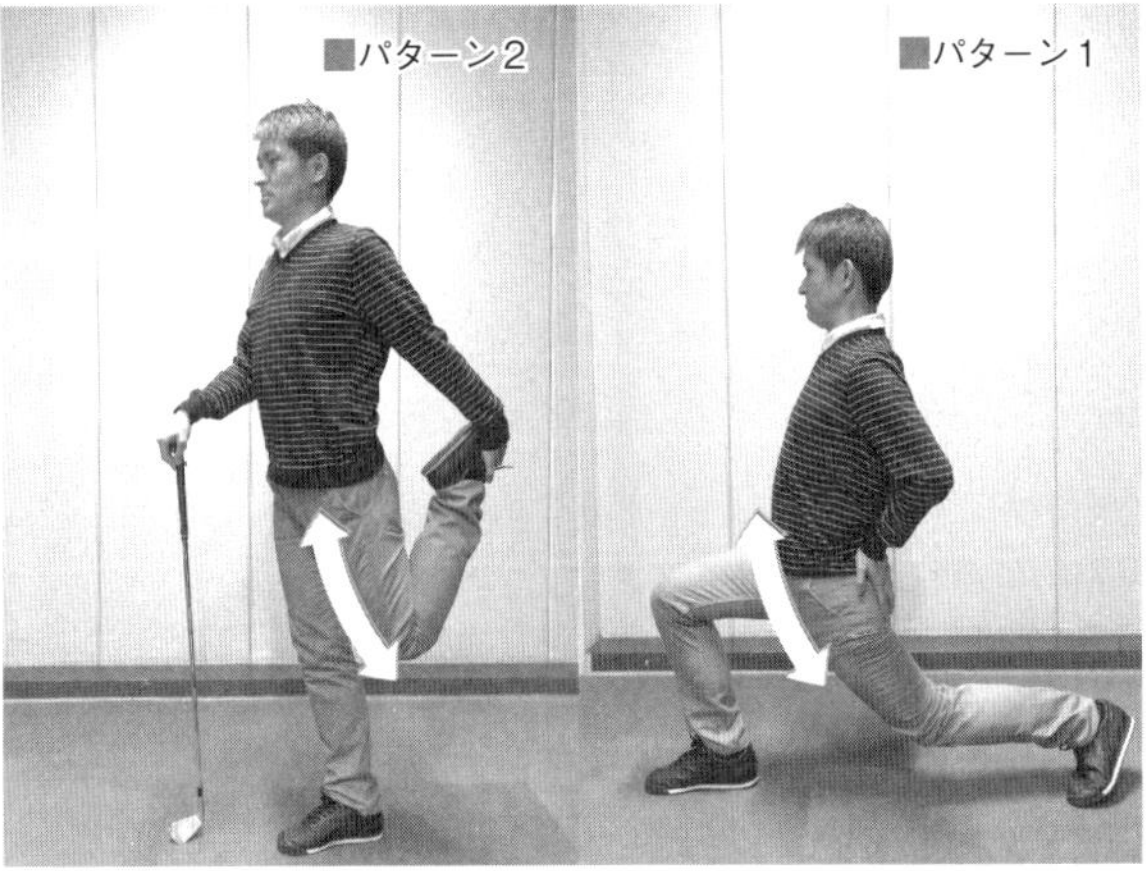

します。

2．広背筋をストレッチしましょう

背部にあるとても広い筋肉です。肩のつけ根から胸椎・腰椎・骨盤までついています。上半身の回旋にとても関わる筋肉で、テークバックからトップの肩の回りやすさにも重要なばかりか、インパクトからフィニッシュでの肩の回転パワーを発揮します。

■パターン1

両足を肩幅より広めに立ち、両手を頭の上で組みます。手のひらは下向きにします。そのまま上体を横に倒して伸ばします。10

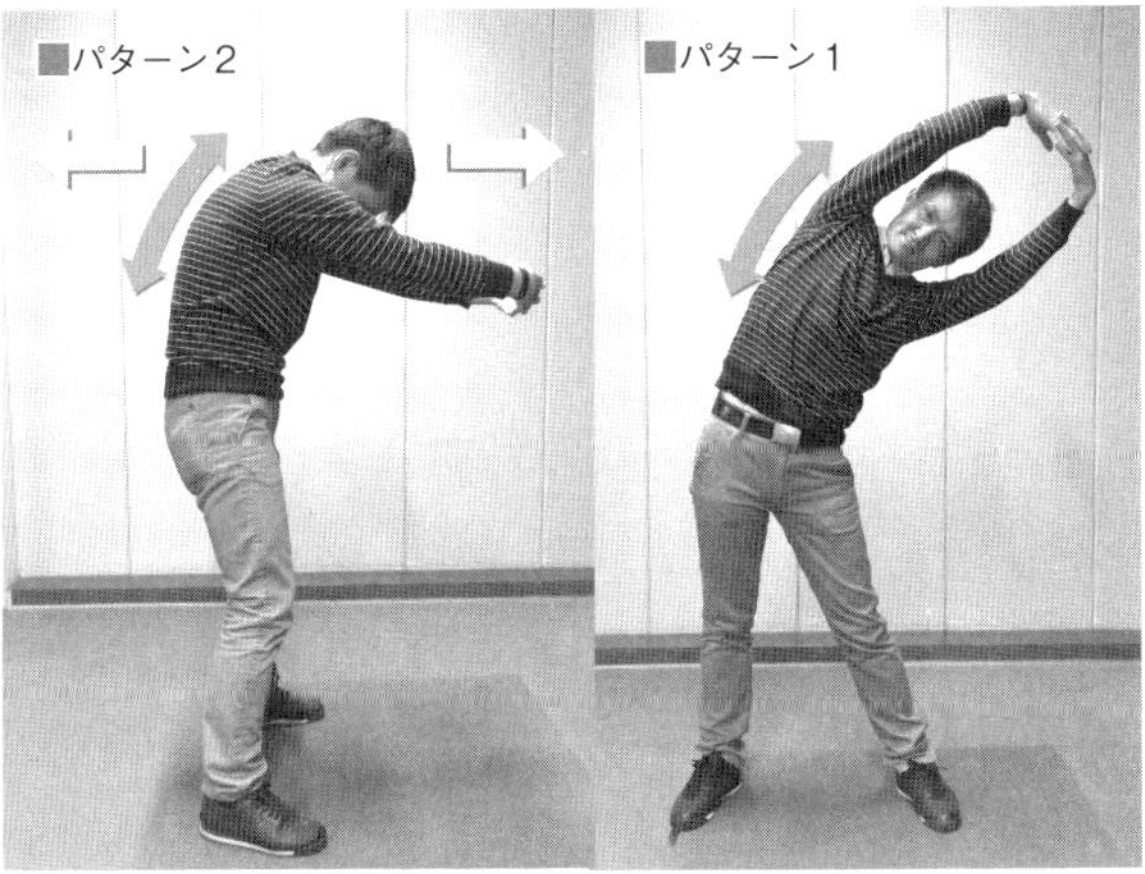

秒間ストレッチします。

■パターン2

僧帽筋・菱形筋も一緒にストレッチします。両手を組んで前に伸ばします。両膝を曲げて背中を丸め、肩甲骨を前に出すように意識します。背中と両手で前後に引き合うように伸ばします。10秒間ストレッチします。

3. 大臀筋をストレッチしましょう

お尻にある大きな筋肉です。ゴルフスイングでは広背筋へとパワーを伝える飛ばしの源である筋肉の一つとして働くほか、股関節を回旋させ、腰を回転させる主要な筋肉です。腰の回転のキレが良くなります。

■パターン1

片足を組んで椅子に座ります。組んだ足は胸と平行になるようにします。背中が丸まらないようにお辞儀をするように上体を前に倒します。胸と組んだ足を近づける形で伸ばします。10秒間ストレッチします。

■パターン2

片足をかかとをついて前に置きます。かかとを支点に足の裏でバイバイをするように、つま先をゆるく内側、外側に向けてゆすります。力が抜けてスムーズになってきたらOKです。

4．腹斜筋をストレッチしましょう

左右の腹部を斜めに走っている筋肉です。体幹をねじる動きをします。ゴルフスイングでは上半身と下半身の間にあり、下の力を上に伝える大切な部分です。捻転がスムー

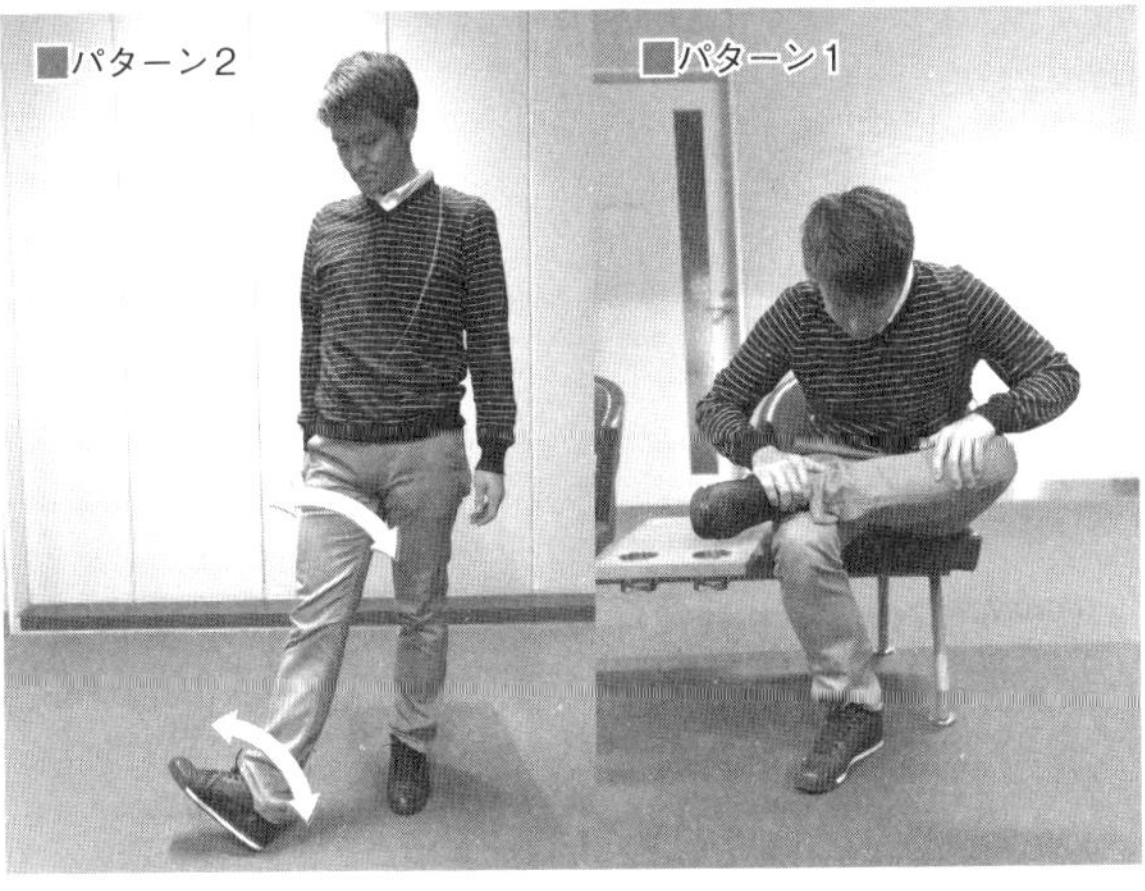

ズになります。広背筋のストレッチをやってからにすると、より肩が深く回るのを実感できます。

両足をそろえてイスに座って行います。肩をテークバック方向に回してねじります（左肩があごの下にくるようにします）。左手を右の太ももの外側について、足が回る方向についていかないように押さえます。ねじった所で深呼吸してストレッチします。反対側のフィニッシュ方向も同じように行います。10秒間ストレッチします。

5. 手～ひじの間の筋肉のストレッチ

「ゴルフひじ」という障害があるくらいなので、手～ひじの間の筋肉のストレッチはとても大切

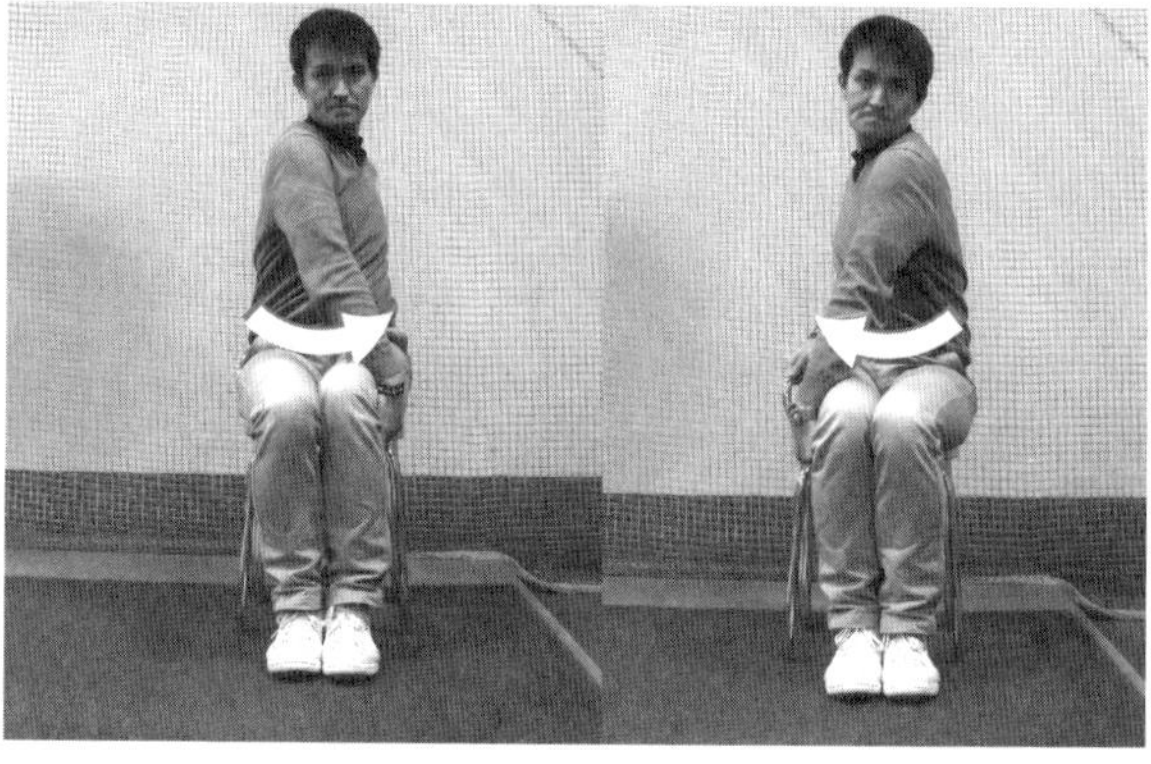

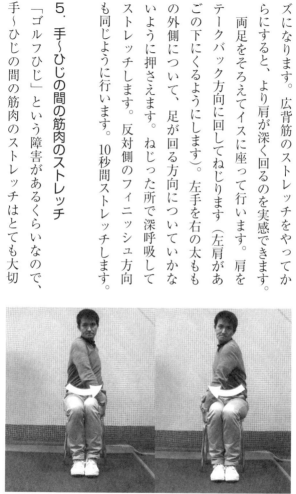

です。普段から伸ばしているくらいでもOKです。

■ひじの内側……曲げる筋肉

片方の手を、手のひらを上に向けて体の前方に上げます。ひじは真っ直ぐに伸ばしてください。手首を甲側に反らして、もう片方の手で手のひらを持ち、さらに手首を反らしてストレッチします。10秒間ストレッチしてください。左右の手を行います。

■ひじの外側……反らす筋肉

片方の手を、手の甲を上に向けて体の前方に上げます。ひじは真っ直ぐに伸ばしてください。手首を手のひら側に曲げて、も

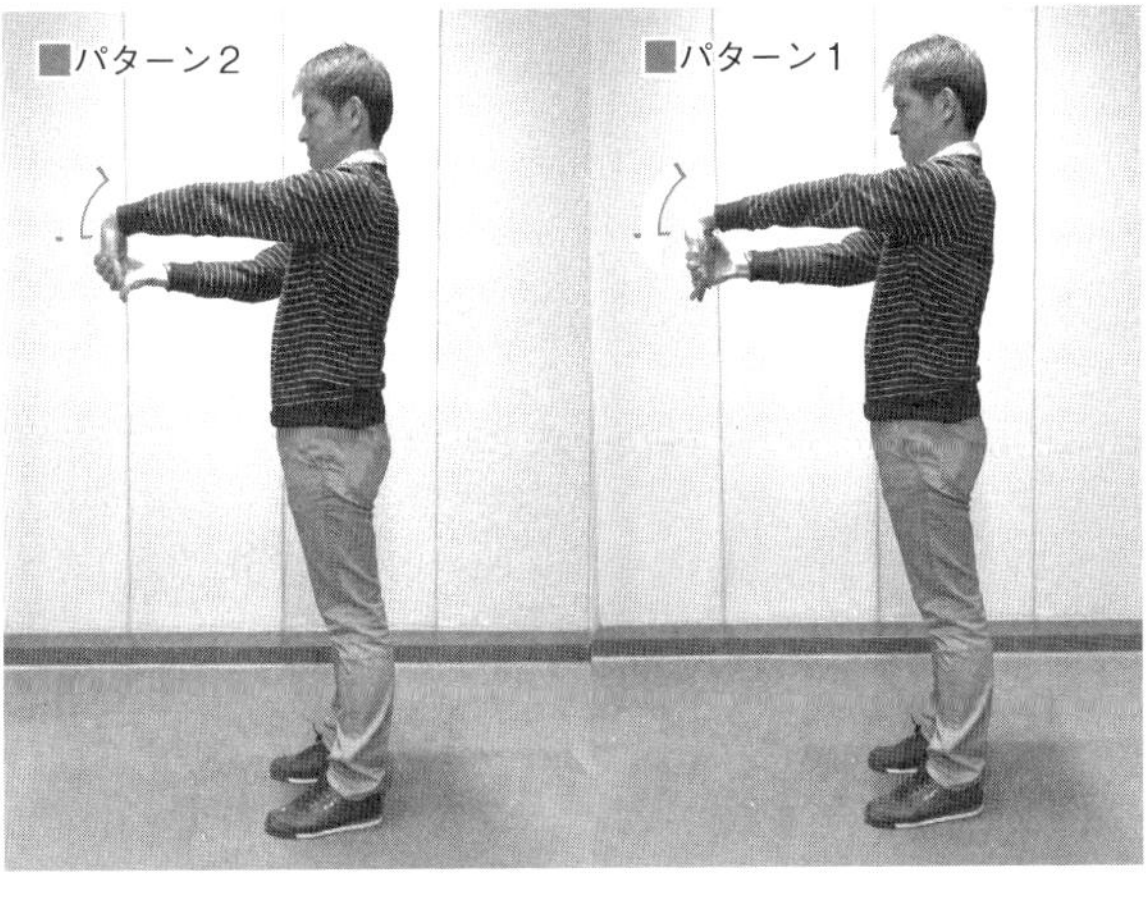

う片方の手で手の甲を持ち、さらに手首を曲げてストレッチします。10秒間ストレッチしてください。左右の手を行います。

ポイント……親指を下に向けて行うと、より伸びます。

スタート前の練習は〝確認〟です！

身体の準備ができたら練習開始です。

ワンコインだいたい24球です。30球の所もあります。ここでは24球で話を進めていきます。

使用クラブ（例）
ドライバー（1W）、7番アイアン（7I）、ピッチングウェッジ（PW）、アプローチウェッジ（AW）

ドライバー以外は前後のクラブでもＯＫです。

練習内容（例）

ＡＷ＝胸〜胸７球→ＰＷ＝肩〜肩７球→７Ｉ＝フル５球→１Ｗ＝フル５球

ＡＷを持ち、はじめに素振りを数回します。目標とスパットを決めて打ち始めます。１球目から方向と距離を確認します。目標に対してどのくらいずれているのか確認します。フェースの向きがずれているのか、アドレスが間違っているのか、スイングがずれているのかを確認し、修正しながら打っていきます。

７球繰り返したらクラブをＰＷに替えます。素振りを数回し、目標とスパットを決めて打ち始めます。ＡＷと同様に、方向と距離を確認、修正しながら打っていきます。７球繰り返したらクラブを７Ｉに替えます。５球のうちに方向と距離を確認し、修正します。クラブを１Ｗに替えて同じようにします。

ここでの練習は日頃の練習と何も変わりません。決められた球数のなかで、いつもと同じ練習をするだけです。球数は多少変わっても良いですが、修正できないからといって焦ったり、力んだり、打ちすぎたりしないようにしてください。決められた球数だけでOKです。ゴルフは切り替えが大切です。修正できなくてもムキにならずクラブを替えて、練習を終えてください。

パット練習は距離感第一で

ショット練習が終わったら、次はパット練習です。練習場に行く前に、パッティンググリーンの場所を確認しておくとスムーズです。マスター室から近い所にあったり、スタートホールの近くにあったり、ゴルフ場によって違います。スタートホールに近い場合、忘れ物をしたりすると取りに戻るのに時間がかかるし、余計な労力を使いますので、気をつけてください。

ボールは3個使用します。

パット練習はロングパットから

なるべく平らな所を探して、目標は何となくで結構です。アドレスを作り、なるべく大きめの振り幅で素振りします。この時にクラブヘッドの重さを感じながら、気持ち良く、サッ、サッ、と振ることを意識してください。2～3回素振りしたら、素振りと同じストロークで1球打ちます。これを3球続けます。1球ごとにボールの転がり方をよく見ておいてください。

3球打ったらボールを拾いに行きます。この時必ず歩測してください。ボールがバラバラになっていたら、一番うまく打てたボールまでの距離を歩測します。反対側からも同じように打ちます。そしてまた歩測します。2～3回程行います。歩測した距離にばらつきはあると思いますが、だいたい15～25歩くらいになると思います。繰り返すと、ばらつきが少なくなってきます。その歩測した距離をロングパットの距離感の基準にしていきます。ラウンド中のパットの距離が歩測した距離と同じだった時は、練習を思い出して気持ち良く素振りして気持ち良く打ちます。自分の基準よりも距離が短い場合は、バックスイングを少し少なくします。傾斜が下りの場合は実際の距離よりも転がってしまうので、同様にバックスイングを少なくします。

自分の基準よりも距離が長い場合は、バックスイングを少し多くします。傾斜が上りの場合は実際の距離よりも転がらないので、同様にバックスイングを少し多くします。

次に10ヤードのパット練習

カップから10歩の所に目印を置きます。なるべく平らな所を探してください。そこからカップを狙ってストロークします。1球、2球、3球と打ちながら、ストロークの大きさ、スピード、リズムをしっかり意識します。これを2~3回繰り返します。バックスイングの大きさをよく覚えておいてください。どのくらいヘッドを後ろに引いたか距離を覚えておきます。なるべくカップ回りの、半径1mの円の中に入るようにしましょう。ラウンド中に10歩の距離のパットが残れば、練習のストロークの大きさ、スピード、リズムを思い出してストロークします。

12歩だったり8歩だったりした場合は、10歩のバックスイングを調整して距離を合わせるようにします。フォロースルーはバックスイングに対して少し大きくなるように、スムーズにストロークしてください。

最後に1ヤードのパット練習

これは必ずカップインしてください。1ヤー

10ヤードのパット練習

ドをしっかり入れられるパッティングと自信を身につけます。

カップから1歩の距離のできるだけ平らな所を探し、目印を置きます。そこからカップを狙ってストロークします。フェース面をしっかりカップに向け、しっかりストロークして3球連続してカップインしてください。外れたらもう一度3球打ち、連続してカップインするまで続けます。

フェースの向き、真っ直ぐのストロークを確認しながら打ちます。素振りをして振り幅も意識してください。バックスイングが大きすぎても小さすぎてもよくありません。少しゆっくり

最後の1ヤード練習（必ず入れる！）

ストロークした時の振り幅がいいです。

慎重にしっかりとストロークします。連続3球を2回は達成してください。

時間があれば

傾斜の所にあるカップを探します。1ヤードの距離のパットを、半時計回りに一周カップインしていきます。上りのパット、下りのパット、左に曲がるパット、右に曲がるパットを練習できます。

いつもの練習をしましょう

スタート前の練習は、効率よく調子を上げる練習にしなければなりません。限られた時間で良い感覚を引き出すには、いつも同じ練習を繰り返してください。距離感第一です。これも経験していくうちに、自分なりの練習が見つかってきます。

スタートホールのティーショット

コースレイアウトをいつも確認しましょう

さて準備が整ったら、いよいよスタートの時間です。ティーグラウンドに着いたら、ティー、ボール、マーク、グリーンフォークを用意します。予備にもう一つボールを持っておきましょう。

まず、することはコースレイアウトの確認です。セルフであればカートに積んであるコースガイドで確認します。キャディがいれば聞いて確認します。

ＯＢの有無、まっすぐかドッグレッグか、バンカーの位置、池の有無、フェアウェイの幅など確認します。見た目では見えない所にバンカーや池、ＯＢがあったりしますので注意して確認し、見逃さないようにします。それに、風向きを確認して狙い所を決めます。キャディがいれば狙い所まで詳しく教えてくれますが、セルフプレーでは自分で決めなくてはなりません。そして、できるだけはっきりとしたポイントを見つけるようにします。フェアウェイの左端、バンカーの右端などです。

いつもコースレイアウトを確認することで、自分の狙い所が見つけられるようになります。

ティーアップする場所に気を使いましょう

自分の打順がきたら、まず狙い所を確認します。それからティーアップしますが、その時ティーグラウンドのどこにティーアップするかに気を使ってください。ティーグラウンドは一見平らに見えて傾斜がついていることがあります。立ってみると明らかにわかる傾斜や、わかりづらい微妙な傾斜もあります。足の裏でいつも気にして、平らな所を探してティーアップします。ティーグラウンドの右か左か真ん中か、これにも気を使ってください。基本的に真ん中で良いのですが、コースレイアウトや球筋によっては、右や左にティーアップした方が良い時もあります。ティーグラウンドを広く使えるようにしましょう。

ティーの高さ

ティーアップする場所が見つかったら、飛球線後方に真っ直ぐ立って、狙い所を確認しながらボールをティーアップします。

ティーの高さにも気を使いましょう。基本はソールしたクラブヘッドのフェースの一番上から、ボールが半分でる高さです。通常はこの高さにしましょう。

球筋を変えたい時にティーアップの高さを変えます。高く打ち出したい時はティーを高く、低く打ち出したい時は低くティーアップします。どのような時にするのでしょうか？　風のある時や球筋を変えたい時です。追い風の時は少し高めにティーアップして打ち出しを高くし、距離を稼ぎます。向かい風の時は少し低くティーアップして打ち出しを低くし、飛距離のロスを抑えます。

また、高いティーアップは左曲がり＝フックになりやすく、低いティーアップは右曲がり＝スライスになりやすいです。いきなり変えてもならない場合が多いですが、練習場で試していくと変化が出てきますので、球筋を変えたいという人はティーアップの高さを変えて練習してみましょう。

変えるのはティーの高さだけで、力まずいつも通りのスイングを心掛けましょう。

素振りは必ず行いましょう！

ティーアップが済んだら素振りをします。素振りは2回行いましょう。1回でも3回でも構いません。今まで多くの人を見てきた経験から、1回だと物足りなく、3回だと多いと思います。特にミスショットの多い人は素振りを必ず2回してください。

素振りは飛球線後方で行います。はじめのうちはボールを打つつもりで、しっかり振るようにしましょう。ドライバーはインパクトゾーンでソールが地面に当たることはありません。ですが、最下点は必ずあるので意識しながら素振りをしましょう。

最下点の少し先にボールがあることを意識しましょう。肩の回転、リズム、切り返しのタイミング、フィニッシュまで振りきることを意識してスイングします。

ルーティーンを作りましょう！

素振りをした後、飛球線後方に立ち、スパットを決めてからアドレスに入ります。

ボールの正面に立ち、右手でクラブフェースをスパットに合わせます。スタンスを飛球線に平行に合わせながら、グリップも作ります。この時、足踏みしながらスタンスのベストポジションを決めるようにします。

グリップが決まったらワッグルをします。ワッグルも非常に大切です。ワッグルは手

ルーティーン1：飛球線後方に立ち、スパットを決める

首を使って、ヘッドを小さく右に動かして戻します。グリップがしっくりくるように2〜3度ワッグルします。ワッグルが終了したら、一呼吸おいてテークバックを開始します。

ここまでの一連の流れを、いつも同じにしましょう。プレショットルーティーンと言います。ルーティーンを行うことによって、一定のリズムができ、ミスショットを抑えることができます。

そして手順を欠かすことなく狙った所に打つ癖ができますので、ナイスショットが増えてスコアも良くなります。

ルーティーン2：スパットにフェースを合わせてからアドレスに入る

第2打地点

ティーショットが終わったら、次は2打目地点へ移動します。2打目地点がどこにあるかによって、スコアに大きく影響します。

○フェアウェイにある場合

ティーショットがフェアウェイに飛ばせたら、次のショットもナイスショットが期待できます。

まずボールがどのような状態にあるかを確認します。ライの確認です。フェアウェイといっても、すごく良い状態ばかりとは限りません。芝の薄い所、ディボットの上、目土した砂の上、傾斜の上などもあります。ボールの所に着いたら、まずボールとボール周辺の状況をよく見てください。そのあとグリーンとグリーン周り、途中の状況を確認します。バンカーや池はないか、OBが近くにないか、グリーンの大きさ、ピンの位置などです。そしてピンまでの距離、グリーンまでの距離を確認し、風向きを確認してからちょうど良いクラブを選択します。

○ラフにある場合

ティーショットがラフに入った場合、その状態が非常に問題になります。ラフの長さによってクラブ選択、コース攻略が変わります。

ボールが芝から半分以上出ている場合は、普通にスイングできます。半分隠れている場合はロングアイアン、3Wなどは使わず、7アイアン以下もしくはショートウッドやユーティリティクラブにします。半分以上隠れている場合はショートアイアンまでにしておきます。全部隠れている場合はAWやSWなどで脱出します。ラフの長さだけではなく、ラフの密集度も確認してください。芝が密集していれば、抵抗が強く振り抜きづらくなります。密集していなければ振り抜きやすいので、フルショットや少し長めのクラブでもOKです。芝が順目の場合は振り抜きやすくなり、逆目の場合は強く抵抗を受け、振り抜けなくなります。ボールと芝の状況をよく確認して、最善のクラブ選択、ショット選択をしてください。

○林の中にある場合

ティーショットが林の中に入った場合、状況をよく確認します。ボールのライ、グリーンの方向、木と木の間隔、枝が邪魔していないかなどです。グリーンの方向が開けていればそちらに打ちます。グリーン方向が打てなければ、少しずつずらして打てる方向を探します。

間があいていても、バンカーや深いラフなどもありますので、一番良い所を探します。打つ方向が決まったら距離を測ります。どのくらいまで打てば良いか、よく確認してください。それから正確にスパットを見つけ、それに対し正確にフェースを合わせアドレスに入ります。使用クラブはロフトの少ないクラブを選択してください。通常よりもボールを右に置き、距離に応じた振り幅でクラブをスイングします。

判断力が非常に問われます。無理をしないで確実にフェアウェイに出すことが次のプレーにつながることを覚えておいてください。

○バンカーにある場合

ティーショットがバンカーに入った場合は、バンカーのアゴの高さ、ボールのライ、グリーン方向の状況を確認します。バンカーのアゴが高ければ、脱出のみ考えます。距離を欲張らないでください。

ＳＷ、ＡＷを使い、通常のバンカーショットを行います。

アゴが高くない場合は、アゴを確実に越えるクラブで距離を稼ぎます。ここでも自分で思っているクラブより1番手下げて打つほうが安全です。アゴが高くなくても、砂にボールが沈んでいたら、まずは確実に脱出してください。ライがよくアゴが低ければ、状況に応じて長めのクラブでＯＫです。フェアウェイウッドやユーティリティでも、正しくスイングすればナイスショットできるでしょう。

目標を決め、スパットを見つけます。スパットにフェースを合わせ、アドレスに入ります。クラブはいつもより短めに持ちます。ボールの位置は少し左寄りにして、体重は左にします。ボールの位置を右に置きすぎると高さが出にくくなり、鋭角に振りおろされるので、ダフリやすくなりますから注意してください。スイングは肩〜肩までの振り幅で力まず振り抜きましょう。ここでの最大のミスはダフリです。少しトップ気味でもＯＫということを意識しておきましょう。

３打目地点

２打目の良し悪しで３打目地点は大きく変わってきます。２００Ｙ残っている場合もあれば、１００Ｙ切っている場合もあります。基本的には２打目地点と変わらずにプレーしますが、１５０Ｙを切っているとなれば、グリーン周りの状況をしっかりと確認しなければなりません。短いクラブになってきて、グリーンに近づける、グリーンにのせるショットになるからです。まずはライの確認です。フェアウェイや浅いラフなら大きなスイングができますが、深いラフやディボットなどライが悪い場合は脱出を行います。

次にグリーンサイドのバンカーの位置を確認しましょう。それからＯＢの確認、グ

3打目地点

リーン形状の確認をします。

１５０Ｙ～１００Ｙはグリーンを狙いたい気持ちはわかりますが、バンカーやＯＢの可能性もありますので、クラブ選択によっては安全な所へ運ぶほうが次につながります。

5番～6番もしくはユーティリティなどで打つ場合は、できるだけ安全な所へ運びます。特にバンカーやＯＢは極力避けてください。

7番～9番アイアンの場合はグリーン周りの状況、その日の調子によってグリーンのどこを狙うか決めます。グリーンセンター狙いが基本ですが、手前にバンカーがあれば、確実に越えるクラブを選択し、左右にバンカーがあれば、バンカーのない方へ狙います。

１００Ｙ前後の場合は状況によりますが、積極的にグリーンを狙うようにします。あくまでもグリーンセンター狙いが基本です。センターにピンがあればピン狙いです。距離をしっかり確認し、方向を確認してスパットを決めます。フェースをしっかりスパットに合わせてスイングします。

アプローチ地点

グリーン周りにボールを運べたら、次はグリーンにのせるショットです。まずはライを確認します。フェアウェイ、ラフ、ベアグラウンドなどです。ライが良ければピンを狙います。フェアウェイにあれば、ピンまでの距離を歩測して調べます。その時にグリーンの状況をよく確認します。グリーン面の全体の傾斜と段差やマウンドがあるかないかです。それから落とし所を見つけます。セットアップをしっかり行って、ピンを狙ってスイングします。

ライが悪ければ、対応してグリーンにのせるようにします。ラフにあれば、状況に応じてショットします。浅いラフであれば、通常と同じようにアプローチしてピンを狙います。深いラフにある場合、ピン狙いからグリーンにのせることに切り替えます。SWで通常の振り幅より少し大きめにします。グリップは少し強めに握り、

ピンまでの距離を歩測し、グリーンの状況を確認。落とし所を決める

アプローチ地点

ラフに負けないようにします。バックスイングは通常に、フォロースルーを大きく振り抜きます。狙いよりも少し飛んでしまっても良しとします。

ベアグラウンドの場合は、なるべく低い球を打つようにします。転がせる状況でしたら、8番や9番でランニングアプローチをします。バンカー越えなどの上げなくてはならない状況の時は、SWでグリップをしっかりして打ちます。バックスイングで早めにコックすると、最下点を狙った所にしやすくなります。大きめでもいい、と思い切りよく振り抜くほうが成功します。

バンカー地点

グリーン周りのバンカーに入ってしまった場合は、まずは1打で脱出することが肝心です。基本のアプローチができていれば、普通のバンカーは脱出できます。まずはボールの状況、砂の硬さ、土手の高さ、距離を確認してください。

○目玉の場合
ボールが砂に潜った場合、砂の中にあるボールの下までヘッドを入れなければなりません。バンスがじゃましてボールの下までヘッドを入れられないので、フェースを閉じてボールを少し右寄りにセットします。早めのコックでクラブヘッドをバックスイングし、ボールの後ろへしっかりとヘッドを落とします。ボールは低く飛びますので、アゴが高い場合は低い方へ狙いましょう。
○砂が軟らかい場合
砂が軟らかい場合は、ヘッドが潜りや

すいので、よりバンスを使ってスイングします。SWのフェースを開きます。開くことによってバンスがより強調され、ヘッドが潜りづらくなります。開き方は、いつもよりもハンドダウンにし、フェースを通常よりも右に向けます。右に向けてから、そのままキープしてグリップを作ります。ハンドダウンにすると開きやすくなります。次に、開いたフェースが目標に向くまでアドレスを左に向けます。ボールの位置は左寄りになります。スタンスに沿って真っ直ぐ振ります。バックスイングとフォロースルーでいつもよりコックを多く使います。スイング中、フェースはかぶらないように気をつけましょう。

○砂が固い場合

砂が固い場合は、バンスが影響してボールの下にヘッドが入らないので、SWではなくAWに替えてバンカーショットを行います。通常のバンカーショットと同じでOKです。SWで行う場合は左グリップをしっかり持ち、砂にバンスがはじかれないようにします

○土手の高さが高い場合

土手の高さが高い場合は、まずアドレスを変えます。いつもよりもスタンスを広くし、体重を左右五分五分にします。ボール位置は真ん中よりも左、少し腰を落としてアドレスします。目線を目標の少し高い位置にします。フォロースルーを高く振り抜くようにバンカーショットします。

○土手に近い場合

フェースを大きく開いてグリップします。フェースを開いた分、左を向いてアドレスします。腰を落として構え、スタンス方向にスイングします。早めにコックしてバックスイングし、ヘッドをボールのすぐ後ろへ落とします。落とすと同時に、左ひじを曲げてヘッドを止めます。砂と一緒にボールが高く上がります。

○距離が遠い場合

25Y～30YまではSWで届きますが、それ以上はAWやPWで対応します。アドレスからスイングまで全て同じにしましょう。クラブを替えるだけです。50Y以上になった場合は、バンカーショットにするか、クリーンヒットにするかに分かれます。クラブのロフトが少なくなり、スイングスピードも速くなってきますので、クリーンヒットする方が良くなってきます。日頃の基本練習ができていれば、クリーンヒットはできます。経験を積めばＯＫです。

パー3

ショートホールはボギー以内で上がりたいホールです。２オン２パット、２オン１パット、１オン２パット、１オン３パットです。ティーショットが決め手となります。

距離の長いショートホール

フェアウェイウッドやユーティリティで狙う長いショートホールは、なかなかワンオンは望めません。アプローチしやすい所、安全な所に運び2オンを狙います。まずグリーン、バンカーの位置、池やOBなどを確認します。グリーンの右、左、手前のどこが安全か決めます。狙う所までの距離を確認してクラブを選択します。グリーンに届かないクラブでもOKです。ここで重要なのは、2打でのせることです。無理せずボギーで上がれるようにコースマネージメントします。

距離が中間のショートホール

120Y~160Yは乗せごろ、外しごろのショートホールです。当たればのりますが、ミスしてバンカーや池にも入ります。グリーンとグリーン周辺の状況をよく確認してください。

手前に池やバンカーがあると、プレッシャーによりミスになりやすくなります。ワンクラブ大きめで、しっかり打ちましょう。右に池やバンカーがある場合、早くボールの行方が見たくなり、体が起きて右に飛んでしまいます。胸をしっかり下向けてインパクトするように気をつけましょう。スパットに集中してスイングします。左に池やバンカーがある場合、ぎりぎりの距離のクラブで打とうとすると、力んで左へ飛んでしまいます。ワンクラブ大きめのクラブで、肩～肩までのスイングをしてください。決してスイングを緩めず、しっかりスイングしましょう。

距離の短いショートホール

１２０Ｙ以下のショートホールは絶対のせたいホールです。しかし気合いが入りすぎるとミスが出ます。まずはグリーンとグリーン周辺の状況を確認します。必ずグリーンセンター狙いを基本としてください。セットアップを確実に行います。目標を確認し、スパットを見つけます。必ずスパットにフェース面を、直角に合わせるようにしてください。スイングは肩～肩までを基本とします。結果を気にせず、しっかりスイングしましょう。

パー4

最近は長いパー4も増えています。2オン2パット、2オン3パット、3オン2パット、3オン1パット。確実にボギーで上がれるホールを作りましょう。

距離の長いミドルホール

距離の長いミドルホールは、無理して大たたきしないように気をつけます。無理して距離を出そうとしてOBになったら、大たたき確実です。はじめから3オンの計画で行きます。ティーショットはドライバーだけではなく、FW、アイアンも使いましょう。フェアウェイキープが大切です。コースレイアウトをよく確認し、目標を決めます。

右OBや池などの時は確実にレイアップしましょう。なるべく3打目が自分の得意距離になるように刻みます。450Yのホールでも、150Yを3回打てばグリーンにのる、ということを頭に入れておいてください。

距離の中間のミドルホール

ティーショットが上手くいけば、残り150Yくらいになるミドルホールは、無理にパーオンせずともアプローチでパーやボギーが取れます。グリーン周りに運べるようになりますので、短いアプローチがカギとなります。

ドライバーはフェアウェイキープを意識してください。無理しないでクラブ選択します。少しでも不安があればFWやアイアンにします。それでも3打目はショートアイアンになりますので、十分にボギーであがれます。気をつけるのはバンカーです。セカンドショットを打つ時に必ずバンカーを確認し、入れないことに注意しましょう。

距離の短いミドルホール

ドライバーを打ったら残りが120Y以下のミドルホールは、パーオンも可能です。しっかりとティーショットからコースマネージメントしましょう。バンカー、林、池、OB、全て避けるように考えて打ちます。ティーショットが成功すれば、グッとパーも近づいてきます。無理にドライバーを打つことはありません。短いホールですから、レイアップしても残りの距離はそれほどでもないでしょう。自分なりの攻略法でプレーしましょう。ここでもバンカーには気をつけてください。

パー5

パー5はロングホールですので、長いクラブを使うことが多くなり、ミスが多くなります。3オン2パット、3オン3パット、4オン2パット、4オン1パットを目指します。

距離の長いロングホール

距離の長いロングホールは、まずは4オンを考えてコースマネージメントします。普通にいくと、長いクラブを3回打たないといけないので、ミスする確率が非常に高くなります。確実に真ん中へ運べるように、クラブ選択をしてください。18ホール中ロングホールは4回、そのうち長いロングホールは1回、多くて2回です。無理することはありません。4オン2パットを目指しましょう。

距離の中間のロングホール

ティーショットが上手くいけば、3オンも狙えるというロングホールは、状況に応じて攻めましょう。OB、池、林、バンカーなど危険ゾーンが多ければ、無理せずレイアップです。それほど危険がなく、広めのフェアウェイなら3オンを狙います。ティーショットの狙い所をしっかり決めます。2打目は、3打目でグリーンを狙うのに良い所を目標とし、しっかりセットアップして打ちます。3打目はグリーンセンター狙いを基本とします。のらなくてもアプローチでリカバリーできると思って、しっかりスイングしてください。

距離の短いロングホール

短いからといって、何も考えずに打つと失敗します。短いということは確実に3オンできるということです。2オンできることではありません。3打目を得意なクラブで打てるようにコースマネージメントします。ティーショットは確実にフェアウェイに運びましょう。これさえできれば、2打目以降はコースマネージメントの幅が広がります。セットアップを確実に行いましょう。スパットを忘れずに、アドレスもしっかりしてください。

距離を欲張らずに、いつも通りのスイングをしてください。

メンタルの影響

ゴルフは考えるスポーツ、頭を使うスポーツです。考える時間が多いので、余計なことまで考えてしまいます。

はっきり言いますと、スコア90を切るまではメンタルは重要ではありません。技術と経験の不足がミスにつながります。しかし誰でも嫌なことを考えたり、ミスしたことを思い出したりして、不安でドキドキします。そしてミスして、「あ〜あ、やっぱり。メンタルが弱いなあ」と思ってしまいます。実際は単なるミスなのにメンタルのせいにします。メンタルのせいだから、ミスの修正をしようとしません。これではなかなかコースで良い結果が出せません。

ではどうするか。ミスに強くなりましょう。ミスしてもいいんです。ミスは怖くありません。思い切ってプレーしましょう。ミスしたら練習すればいいだけのことです。まだまだ下手なんだと思いましょう。

朝イチのティーショット

朝イチのティーショットは誰でも緊張します。周りの目を気にしたり、上手く打ちたい、曲げたらダメ、など余計な考えが浮かぶ人ほど緊張の度合いが大きいと思います。まず朝イチに今日イチはいりません。そして上手く見せようと思わないようにしましょう。上手い人は朝イチのティーショットをミスしても、だんだんと良くなっていきます。見せかけの人は朝イチ良くても、どこかでボロが出てきます。ゴルフは18ホールの競技なので、後半に向かって良い方が同伴者にも印象が残るし、自分も自信が持てます。

朝イチは無理する必要がありません。練習を思い出し、いつも通りの素振りをして、いつも通りのルーティーンでアドレスしてスイングしてください。かなりゆっくり振るくらいでちょうどいいでしょう。いつも通りの自分を出すだけです。

池越えのショット

池越えは、まず池を見ないことが重要です。その先の目標を見るようにします。目標に集中しましょう。とは言っても嫌でも気になるのが池です。グリーンのギリギリまで池があれば上級者でも緊張します。

皆さんは池を怖がりすぎです。池は怖くありません。ボールがなくなるのはもったいないですが、池に入れても一打罰がつくだけのことです。一打くらい他でリカバリーできます。ですから、目標に集中して、池を視界から、頭の中から消してしまいましょう。実際のスイングでも、インパクトゾーンで池を見てはいけません。インパクト後すぐに結果を見たくなって、顔を起こしてしまい、ミスショットになります。打つ前も、打った後も池を見ないことが成功の秘訣になります。

フェアウェイのベスポジから

たまにドライバーがナイスショットして、フェアウェイど真ん中のベストポジションから2打目を打ったら、ザックリやトップをしてしまう人が結構います。「せっかくのチャンスだからピンを狙ってやろう」と力が入りすぎ、ミスをするようです。せっかくのドライバーがもったいないことになります。2打連続でナイスショットが出るでしょうか？　自分に聞いてみます。出ないかも、と思ったらミスしないように集中して、ショットにのぞまなくてはなりません。

そして結果を考えすぎないようにしましょう。とくに結果を期待しすぎては、ミスした時のギャップが大きくなってしまいます。目の前の一打に集中できればそれが一番です。結果はついてきます。

バンカー越えのアプローチ

これも池と同じで、バンカーを見ないでその先の目標を見ます。目標に集中してバンカーを視界から消します。失敗が頭を横切っても、打つしかありませんので集中してショットにのぞみましょう。

基本は普通のアプローチと一緒です。ピッチショットの練習をしていればピッチショットを、ピッチ&ランを練習していればピッチ&ランでＯＫです。ここでもショットが終了するまでバンカーを見ません。そしてぴったりの距離で打とうとしないようにしましょう。少し大きめで良いと思って打ちます。

ぴったり打とうとすると、インパクトが緩んだり、スイングが早くなったりします。とにかくグリーンにのればいいと思いましょう。技術に自信が持てるようになったら、自然とピンを狙えるようになります。

入れごろ外しごろのパット

パッティングでのメンタルの占める割合はとても大きいです。

とくにショートパットの時に影響します。最終ホールの最後のパットが入れば１００が切れる、という場合などは、とてもしびれるパットになります。

だいたい80㎝～２ｍ以内のパットが入れごろ外しごろでしょう。打つ前に外した

らどうしようと考えるのは良くないです。結果を気にしすぎです。入れる！　とし
か思ってはいけません。
　あとはボールをよく見てスムーズにストロークすることに集中し、インパクトし
た後も結果を見ないようにします。打ってから見ても結果は変わりませんので、見
る必要がありません。見ないようにすることで、ヘッドアップや体の突っ込みを防
止します。打つ前に素振りをしながら確認しましょう。不安は残るかもしれませんが、
パッティングには集中できるようになってきます。
　入れごろ外しごろのパットを日頃から練習しておきましょう。自信が持てるよう
になれば、決め所のパットで不安がなくなってきます。

された所以外では、クラブを振るのはやめましょう。クラブを持つと振りたくなりますが、振る前に必ず周りを見てからにしてください。

　気配りは同伴者だけでなく、前後の組に対しても必ず行ってください。その日ゴルフ場にいるすべての人たちにも気配りできたら最高です。

　フェアウェイやラフのディボットは目土しましょう。バンカーも必ずならしましょう。自分の打った所だけでなく、他にも足跡などあれば、ならしましょう。グリーン上のボールの跡を直しましょう。これは自分のだけでなく、周りの跡も直しましょう。カップの近くにボールがある人がピンを抜きましょう。ホールアウトしたらピンを持ちましょう。他の人のライン上には立たないようにしましょう。

　他にもありますが、このようなマナーを守ることによって、気持ちよくスムーズにプレーが進行していきます。待たされてイライラしたり、ならされていないバンカーに入ってイライラしたりしません。そうなると、プレーのリズムも良くなります。自分への気配りもできてくるので、ナイスショットも出てきます。結果スコアが良くなります。

　マナーに気をつけてナイスプレーを目指しましょう！

　ゴルフするのが楽しくなりますよ。

Column

コラム3　マナーを守れば　スコアは良くなります！

ゴルフのマナーは、時間、安全、気配りです。

時間はプレーファーストです。だいたいパーティー（4人1組）で、9ホール2時間 15 分です。それ以上遅い場合はプレーが遅い可能性があります。ティーショットからパッティングまでのプレーやボール探しや歩き方などを確認して、遅い場合は改善しないといけません。

前の組とどのくらい離れているか、いつも確認してください。離れていなければOKです。離れている場合は遅くなっています。パーティー内で気をつけながらプレーします。

2打目・3打目へ向かう時は、クラブを必ず2～3本持ちましょう。必要なら走りましょう。ボール探しは早めにあきらめましょう。声を掛け合いましょう。

全員のパットが終わったら、速やかにグリーンから離れ（ただし、グリーン上で走ってはいけません）、スコアカードは次のホールで記入しましょう。

安全に注意しなければならないのは、「打ちこみ」と「素振り」です。前の組と十分に離れていないのに打ってしまい、ボールが届いてしまっては絶対にいけません。素振りは周りに人がいないか必ず確認してください。指定

第7章　効果的な練習法

素振り

素振りは打つ前だけではなく、それ自体がスイングを磨く練習になります。素振りが一番効果的な練習方法とも言えます。

ノーマル素振り

1回ずつしっかりスイングします。アドレスからフィニッシュまで、ボールを打つつもりでスイングします。バックスイングからフィニッシュまでスムーズに振ります。意識するのはインパクトゾーンにボールがあると思うことと、タイミング良く切り返すこと、フィニッシュでバランス良く立つことです。

振るスピードはやや速めにします。ゆっくりでもいいですが、緩まないようにしてください。クラブヘッドを加速してボールをヒットするのがスイングです。ボールを打つ時と、あまり差がないようにしましょう。かといって、めいっぱい振るのはいけません。いわゆる「マン振り」は体がブレてインパクトがずれて、フィニッシュもバランスが悪くなります。

ボールを打つつもりでも、それほどはインパクトにとらわれませんので、気持ち良くフィニッシュを決めるようにしてください。フィニッシュが良いということは、その前までの過程が良かったということになります。

いつも素振りをするようにしましょう。クラブを持たなくてもOKです。家でもやりましょう。クラブを持っているように意識します。そしてボールを打つつもりでスイングします。フィニッシュを必ず決めてください。

ゆっくり素振り

ゆっくり素振りする効果は、クラブの動きを自分でコントロールできること、体と腕とクラブの一体感を意識できること、スイング中のずれを見つけて修正できることなどがあります。テークバック～バックスイング～トップ～切り返し～ダウンスイング～インパクト～フォロースルー～フィニッシュと、各部分の体の動きを意識しながら行います。なるべくゆっくり動き、各部分で一度止まるとより効果的です。必ずクラブヘッド、フェースの向きを忘れずに意識してください。特にインパクトでフェースの向きを目標に向けることを必ず行いましょう。ゆっくりから徐々にスピードアップしていきましょう。クラブヘッドを意識していれば、ゆっくり素振りとノーマル素振りが同じになってきます。

ノーマル素振りでフィニッシュが決まりづらくても、ゆっくり素振りでフィニッシュをしっかり決めていればOKです。フィニッシュのバランスや立ち方がわかってくれば、ノーマル素振りでもフィニッシュが決まるようになってきます。

連続素振り

言葉通りに連続でクラブを振ります。スイング軌道の安定、スイング軸の安定、クセや無駄な動きをなくす効果があります。

振っている間は一度も止めないようにします。はじめは7番アイアンで行いましょう。まずは、ゆっくり5回連続で振ってみましょう。クラブヘッドを意識してください。振り幅は胸～胸までです。

クラブヘッドからバックスイングし、振り抜いて胸まで来たら、ヘッドからスイング軌道をなぞるように戻し、アドレスを通り過ぎて、またバックスイングします。振り抜いては戻し、振り抜いては戻すを繰り返します。慣れてきたら肩～肩までをゆっくり連続で素振りします。はじめはクラブが波をうって上手く振れない人もいるでしょう。体が左右に流れないように、起き上がらないように注意して、ヘッドを意識して回しましょう。次第に軌道が安定してきます。安定してきたら、少しずつスピードを上げていきましょう。力まずに振れるスピードの中で一番速くスイングします。よどみなく振れてきたら、ドライバーで連続素振りをしましょう。はじめはゆっくり、徐々にスピードを上げていきます。ダフらないように気をつけてください。

私は以前、お世話になったプロに連続素振りを教わりました。20回1セットを5回とかよくやりました。やった後は自然にクラブが回る感じで、無駄な動きや無駄な考えが消えました。いまでも私の基本として残っています。

バット素振り

最近ではいろいろな素振り用の練習道具が売られています。私がゴルフを始めたころは、竹ぼうきや野球のバットなどでした。学生時代野球をやっていたこともあり、バットは割と親しみやすく、よく素振りに使っていました。良いところはやはり重さがあるということです。腕だけではビュンビュン振れないので、足や腰、体の回転を使って振りましょう。特にインパクトからフォロースルーにかけて、しっかり振るように意識してください。大きいフォロースルーを意識することで、スイングアークが大きくなって方向性が良くなり、飛距離も出るようになります。ウォーミングアップにも効果があります。スタート前や、練習前にバット素振りをすることによって、体がほぐれ動きやすくなります。代わりの物としては、クラブ2本を持っての素振りです。ゆっくり重さを感じながら素振りします。体全体で振りましょう。

水平素振り

直立した状態でクラブをお腹の高さで、地面と水平に持ちます。

軽く脇をしめ、両ひじを体の前にキープして水平状態を保ったまま、クラブを左右に回します。右に回す時、左ひじは真っ直ぐにし、右ひじは体の前にキープしたまま曲げていきます。左に回す時は、左ひじを体の前にキープしたまま曲げていき、右ひじは徐々に伸ばされていきます。

スイング中、ひじは体の前からずらさないようにしましょう。高さが変わって波打ってしまい、水平にクラブが振れない場合があります。脇があき、ひじが体の前からずれていたり、頭や体がブレていることが原因です。両ひじをキープして目線を前方一点に保ち、ゆっくりクラブを回しましょう。慣れてきたら少しスピードアップしてください。

クラブを一定の平面で振る、スイングプレーンがイメージでき、その時のひじと腕の動きが理解できてきます。

左手一本素振り

左手一本でスイングします。スイングの左サイドの回転と、クラブを左サイドでリードすることがわかり、右肩、右手のつっこみを修正します。ひじを真っ直ぐに保ったまま、左肩をあごの下に入れていきながらクラブヘッドをトップへ回していきます。トップで左手の親指にクラブがのるように

水平素振り1

水平素振り2

します。ダウンスイングは左サイドの回転です。左肩を先に元に戻しながら腕とクラブを振り戻していきます。肩はそのまま回転を続けて、フィニッシュまで一気に振っていきます。胸が目標を向くまで回転しましょう。

スムーズにいくようになってきたら、左手一本打ちに挑戦してみましょう。

注意点は左肩と左腕、クラブの一体でスイングすることです。すぐにクラブを持ち上げたり、ひじを曲げたりしないように気をつけましょう。

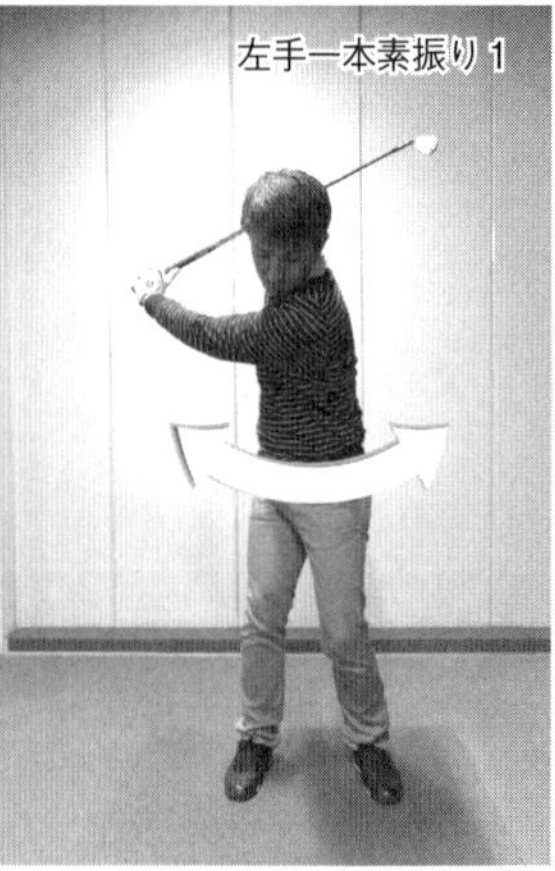

右手一本素振り

　右手一本でスイングします。スイング中の右手のポジションを明確にし、右サイドの動きを覚えます。

　アドレスで右ひじを体の前に置き、左手で右ひじの上を体から離れないように押さえます。肩を回しながら、右手首、右ひじの順に曲げて、クラブヘッドをトップへ持っていきます。右ひじが体から離れないようにしましょう。トップからは右ひじを体から離れないように左手で押さえておき、肩、ひじ、手首、クラブヘッドの順に戻します。ひじと手首の角度はキープしてくださ

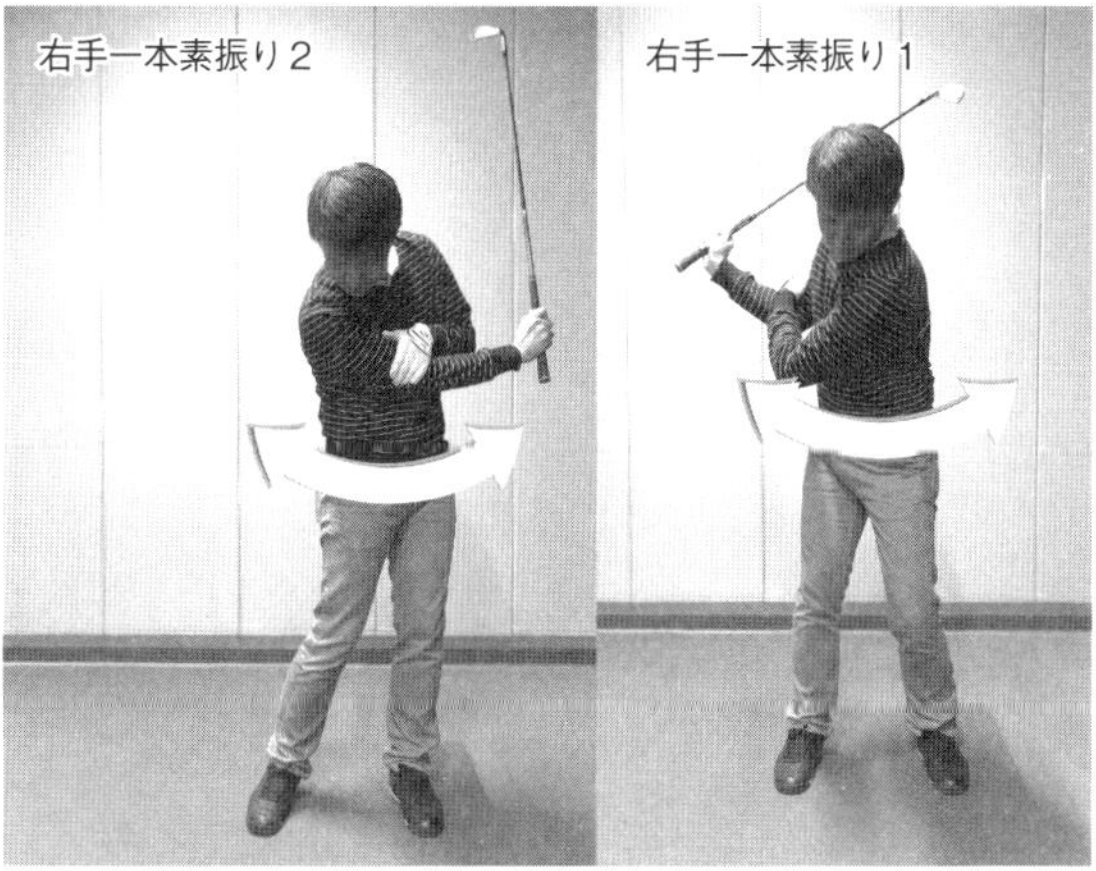

い。インパクトまでキープしましょう。

インパクト以降は右ひじ右手首を伸ばし、体をフィニッシュまで回転します。右ひじが体から離れないようにするのがポイントです。少し窮屈に感じると思いますが、慣れるまで繰り返しましょう。慣れてきたら、右手一本打ちに挑戦してみましょう。

片手打ち

片手打ちは、両手ではわからないそれぞれの動きが理解でき、それを合わせることによって両手一体のスイングが意識できます。

左手一本打ち

左手一本素振りでボールを打つのが左手一本打ちです。通常にアドレスした後、右手を離します。離した右手は背中にまわしておきます。左手一本素振りと同様に、スイングしてボールを打ちます。はじめは腰〜腰までの振り幅でもOKです。当たってきたら、徐々に振り幅を大きくしていきます。ボールをよく見てスイングしましょう。頭や顔がずれたり、体が起き上がったりしなければ、次第に当たってきます。この動きに右サイドがくっつけば、通常のスイングになりますのでよく意識してください。

アプローチやパターでも同様に行いましょう。安定したスイング軌道が作られ、方向性が良くなってきます。

右手一本打ち

右手一本素振りでボールを打つのが右手一本打ちです。

通常のアドレスをしてから、左手を外し、右ひじの上を押さえます。右手一本素振りと同様にスイングし、ボールを打ちます。腰〜腰までの振り幅から始めましょう。

右手グリップでフェース面を保ちながらスイングします。当たってきたら、徐々に振り幅を大きくしていきましょう。ボールをよく見てスイングすれば、次第に当たってきます。

この時注意するのが、ボールの飛ぶ方向です。真っ直ぐに飛んでいれば問題ありませんが、左や右に行ってしまうことがあります。フェース面がかぶってしまったり、右ひじが体から離れたりしているのが原因です。グリップでフェース面をしっかり意識し、右ひじ、右手首の角度をキープしてスイングしましょう。右ひじを体から離さず、手首の角度をキープしてフェース面を保ってインパクトすれば、方向性が良くなります。アプローチやパターでも行いましょう。右手でフェース面をキープする感覚がつかめて真っ直ぐに転がすことができてきます。

脇しめ

脇がしまっていることは、体と一体でスイングする重要なポイントになります。

左脇しめ

左サイドの一体感、左サイドの回転、左脇の締まったインパクトを体に覚えさせます。

左脇にグローブやタオルやヘッドカバーを挟みます。そのまま通常のスイングをし、最後まで落とさないようにします。まずは素振りをして、それからボールを打ちます。腰〜腰までの振り幅から始めてもOKです。腕に頼ってスイングしていると非常に振りづらいと思います。

正しいアドレスをしていれば当たるようになってきますので、無理に当てようとせずにボールをよく見て、左肩、左腕、クラブの一体でスイングすることを意識してく

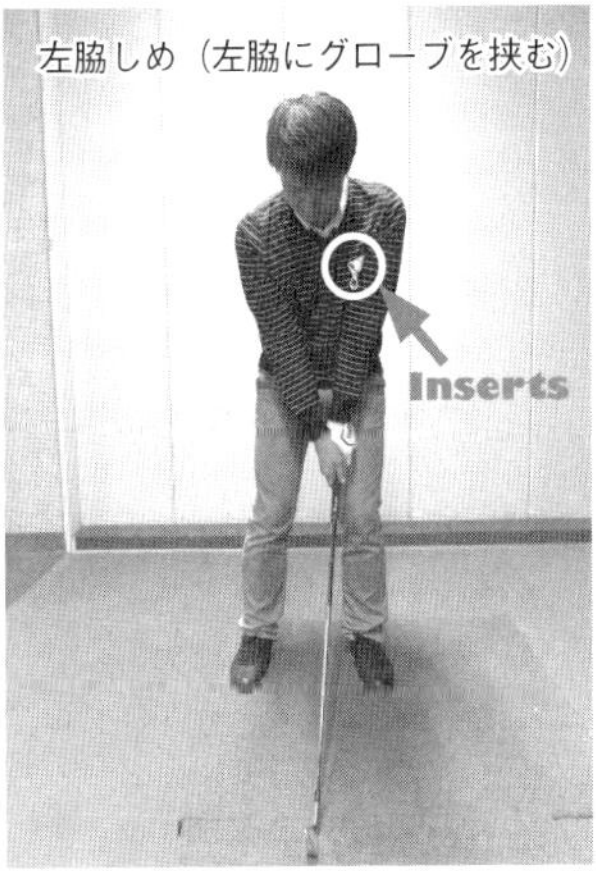

ださい。

右脇しめ

右ひじ、右腕が体と一体となり、スイング中の右手が体の近くにキープされている状態を体に覚えさせます。右サイドの回転が良くなります。

右脇にグローブやタオルを挟みます。そのまま通常のスイングをし、最後まで落とさないようにします。

まずは素振りをして、それからボールを打ちます。はじめは腰〜腰までの振り幅から始めてもＯＫです。徐々に大きくスイングしていきます。右手で当てにいってしまう人は非常に振りづらいと思います。正しい前傾をして、体の、特に左サイドの回転に任せてスイングしましょう。ボールをよく見て、その場でスイングすると、動きがスムーズになってきます。

両脇しめ

両脇をしめてスイングすることで、より体と腕の一体化を理解できます。

両脇にグローブやタオルを挟みます。そのまま通常のスイングをして、最後まで落とさないようにします。素振りをしてからボールを打ちます。腰～腰までの振り幅から始めましょう。徐々に振り幅を大きくして、フルスイングに近づけていきます。

アドレスを正しくし、ボールをよく見てスイングします。当たらなくても無理に当てようとせず、基本スイングを意識してください。アプローチやパッティングでも行いましょう。より正確なストロークを意識できます。

両ひじキープ

スイング中の両ひじは、間隔をキープして常に体の前にあるのが理想的です。両肩と両腕でできる三角形をキープすることです。

ボール挟み

私のレッスンでよく使うものとして、空気を入れたゴムボールがあります。ゴルフショップで売られている専用の、ストラップのついたボールがあると、落としても転がっていかないので便利です。普通に100円ショップなどで売られている遊び用のボールでもOKです。ただし、ゴルフ練習場で使う場合は、転がらないように十分注意しなければなりません。室内で使う方が良いでしょう。素振りだけでもOKです。

まずグリップを握りながら、両ひじでボールを挟みます。そのままアドレスしてスイングします。ボールは体には付けません。はじめは素振りをして落ちないようにしましょう。落ちなくなったらボールを打ちます。落ちなければ、両肩と両腕でできる三角形がキープされています。落ちる場合はひじの間隔が広がっているので、体の前からひじがずれ、脇が空いています。たまに腕と胸で挟んでボールを落とさないようにしている人がいますが、両ひじで挟んでいないと練習になりませんので、注意してください。

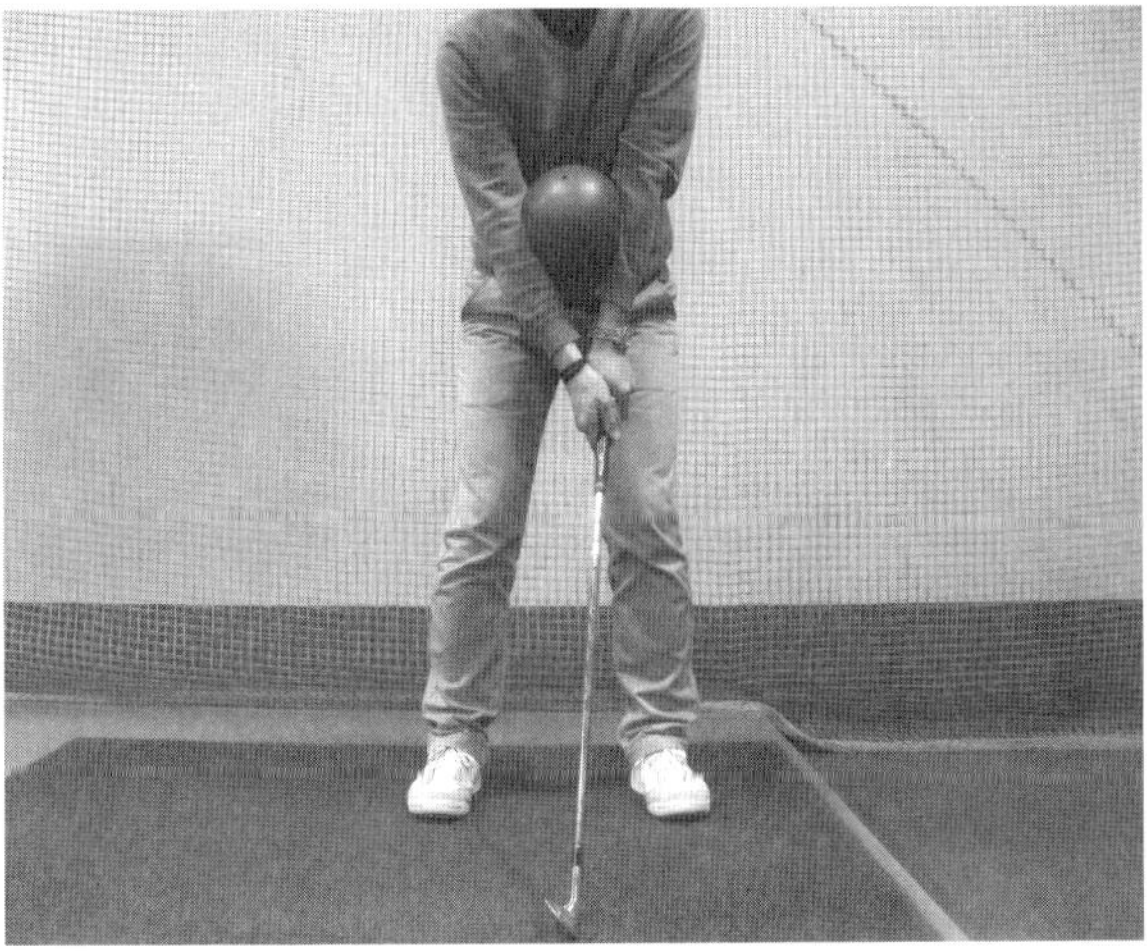

ゴムで縛る

ボールよりもスイングしやすいので無理なくできます。トレーニング用のゴムチューブなどを使います。両ひじの少し上をゴムチューブで少しきつめに縛ります。ひじの間隔が変わらないことを意識しながらスイングします。はじめは素振りをして、慣れてきたらボールを打ちます。

特に気をつけるのは、トップの右ひじとフィニッシュの左ひじです。トップで右ひじが体の右側にずれると、ダフリ、トップが起こりやすくなります。ずれを合わせようと右手で当てにいき、方向性が悪くなります。フィニッシュで、ひじが体の左にずれている場合は、インパクトでもずれている場合が多く、引っかけ、スライス、ボールが飛ばないなどが起こります。両ひじをキープするためには、両肩をしっかり回さないといけません。基本スイングをしっかり意識してスイングしましょう。

バランス

ゴルフスイングでのバランスは、中心のキープ、軸を作ることです。

両足揃え打ち

低めのティーにボールをのせます。両足を揃えてアドレスし、スイングします。体がグラつかずにスイングできるようにします。はじめに素振りをし、それからボールを打ちます。体をその場で回転させスイングすることで、軸を意識できるようになります。なるべくティーアップしてボールを

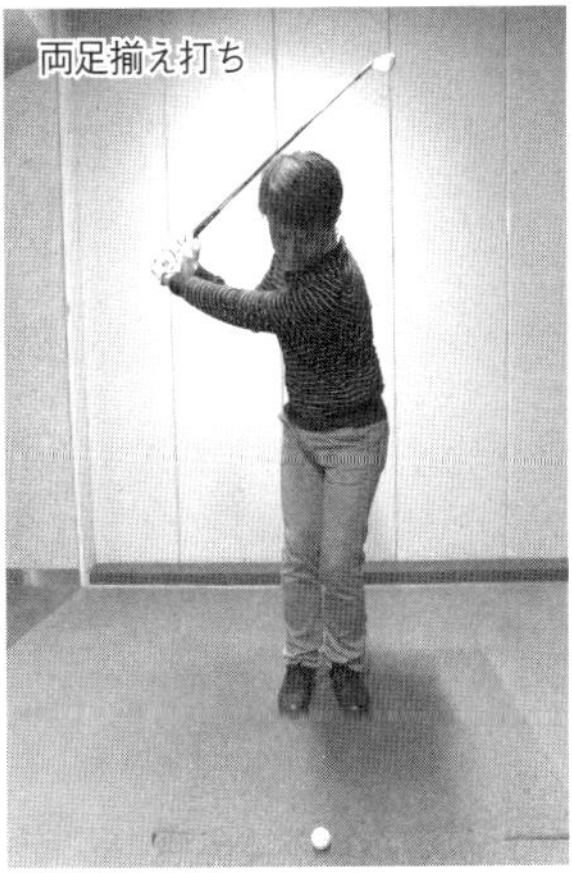

打ってください。当たりやすい状態で打つ方が、体の動き、スイングに集中できます。

左足一本打ち

両足を揃えてアドレスします。ボールの位置は左足の前に置きます。なるべくティーアップします。ティーアップしたほうが当たり外れが少なく、スイングに集中できます。右足を後ろへ引きます。体重は左足にキープしておきます。右足にはほとんど体重はかかりません。そのままスイングします。フルスイングはできませんので、肩〜肩までの振り幅にします。はじめは素振りをして、それからボールを打ちましょう。スイングした後もグラつかずに、左足で立つようにします。スイング中のブレをなくし、その場での回転ができてきます。通常のスイングでのフィニッシュは、十分に左足に体重がのりますので、

左足一本で打つことでフィニッシュのキープもできるようになってきます。

クローズスタンス

バックスイングでの体の回転がしやすくなります。クラブヘッドがスイングプレーンを通りやすくなります。

通常のアドレスをします。そこから右足を一歩引き、スイングをします。体重のかかる位置は変わらないようにしましょう。右サイドが回りやすくなりますので、体が右に流れないことを意識してスイングします。フィニッシュで右に体重が残ってしまう方は、アドレスで左に多めに体重をかけ、ダウンスイング以降、体の回転とともに左へ体重がのっていくことを意識してくださ

い。続けていくうちに右サイドの動きが理解でき、インパクトの右サイドの突っ込みが消えてきて、方向性が良くなります。

インパクトゾーン

スイングの基本でも説明しましたが、インパクトゾーンをしっかり意識してスイングすることは、全てのクラブにおいて重要なことです。

アウトサイドイン、インサイドアウトの修正

基本の練習や効果的な練習を行っていると、インパクトゾーンは良くなっていきますが、それでも感覚のずれによりアウトサイドイン軌道になったり、インサイドアウト軌道になったりします。

ボールの前後に軌道を修正するための物を置きます。アウトサイドインの修正は、

アドレスで正面にボールを見て、右上にひとつ、左下にひとつ、ボールやヘッドカバーなどを置きます。そしてそれらに当たらないようにスイングして、ボールを打ちます。

インサイドアウトの修正の場合は逆にしてください。打っていくうちに、当たらなくなります。それは、一時的に軌道が修正されたということです。当ててはいけないという意識が修正に導きます。しかし、やらないとすぐに元に戻ってしまいます。ですから、根気よく続けてください。意識しなくてもできるようになるのが理想的ですが、正しい軌道を意識してスイングするこ

とのほうが重要です。

ダフリ・トップの修正

ダフリやトップの修正1

ダフリやトップは同じスイングのミスが原因であることが多いです。最下点が手前にきてしまうのが主な原因です。体重が右に残ったり、クラブを早くリリースしてしまうと、最下点を手前にしてしまいます。

ボールの後ろ10㎝ほどの所にヘッドカバーやタオルなどを置いたり、ボールの2～3㎝後ろにビニールテープなどを貼り付けておきます。それらに当たらずにボールを打てればOKです。当たってしまう場合は修正します。まずはしっかり左に体重がのることを確認しましょう。素振りして体の回転がしっかりしているか、フィニッシュがバランスよく立っているかを確認します。

つぎにバックスイングで、胸の高さで90度クラブが立っているか、トップで左手親指にクラブがのっているか確認します。ボールだけ打てるようになれば最下点がボールの下になったということになり、ダフリやトップが修正されてきていることになります。

ダフリやトップの修正2

少し高めのティーにボールを乗せて打ちます。ボールだけをクリーンヒットできればOKです。ダフリやトップしている場合は、最下点が手前にきてボールと一緒に

ティーも打っているので、感触、音も悪くなります。はじめは短めにグリップを持ち、胸~胸までの振り幅でスイングします。徐々に振り幅を大きくしましょう。アドレスを正しくして、バックスイングを肩、腕、クラブの一体で行います。両ひじをキープしてスイングします。

ボールをよく見て打ちましょう。だんだんとクリーンヒットの感触をつかめてきたら、ティーアップせずにボールを打ちます。ティーアップした時と同じように、クリーンヒットできればOKです。

ダフリ・トップの修正2（ティーアップしたボールをクリーンヒット）

おわりに

この本を書くお話をいただいた時、まず悩んだのは、たくさんのゴルフ本がある中で、何で特色を出せばいいのか、ということでした。考えた結果、今までやってきたこと、今やっていることを書こうと思いました。

ここまで書いてきたものは一般的なものがほとんどです。基本中の基本、誰でも知っているものです。そして、私のスクール指導のなかで、日々行っているものです。スクールで練習していても、忘れては思い出しの繰り返しです。これが基本です。

一般の皆さんは基本を知っていてもやらなかったり、忘れていたりします。「はじめに」にも書いたとおり、私は自分で今が一番上手いと思っています。2年後、3年後にもっと上手くなっていたいと思っています。

今までの経験上、スイングがわかった！　と思って持続したことがありません。わかった次の日にもうわかりません。

いい加減ゴルフやめよう、と思ったこともありました。

転機は日本プロゴルフ協会（ＰＧＡ）に入会したことでしょう。『基本ゴルフ教本』を教わったことにより、基本の大切さを理解しました。そして基本を継続して練習することで、体が基本を理解し、頭も体も軸ができました。迷いがなくなったということです。

それでも練習しなければ調子が悪くなります。以前なら、調子が悪い→スイングを変えるという悪循環でしたが、今は調子が良くても悪くても→基本練習の繰り返し、となりました。

スクールでも全員がシングルになれるわけではありません。それでも、全員が１００を切れるとは思っています。スクールやレッスンで間違った練習をすることはありません。悩んでいる方は、一度スクールに参加してみてはいかがでしょうか？

基本練習は楽しくない？　いえいえ楽しいですよ。何が楽しいかというと、連続して同じ球が打てること、芯にあたること、悩みが少ないことです。練習していてもストレスが少なく、継続して練習していけます。

ただ急に上手くなるわけではありませんので、少しの忍耐は必要です。週一回の練習を基本に、コツコツと上達していただきたいと思います。

私もまだまだ上達していきたいと思っています。

基本を練習して一緒にゴルフ上達の道を歩いていきましょう！

長谷部道明（はせべ・みちあき）

1971（昭和46）年1月2日生まれ
日本プロゴルフ協会ティーチングプロ
2003年1月1日入会
MGコーポレーション所属

子どものころから野球、水泳など
17歳でゴルフクラブを初めて握り、すぐにはまる
22歳～26歳までゴルフ場研修生としてプロを目指す
30歳でティーチングプロ資格取得
虎ノ門ゴルフ倶楽部で初レッスン
現在、ダンロップスポーツクラブ南柏にてレッスン中

趣味　愛犬と遊ぶこと、家族旅行
9月に生まれた息子をプロゴルファーにするか思案中

写真：長谷部英明
ストレッチ指導：本橋洋平　日本トレーニング指導者協会（JATI）
トレーニング指導者
日本コアコンディショニング協会（JCCA）
アドバンストレーナー

ゴルフ上達の早道

――基本の繰り返しで速攻100切り!!

2015年3月7日　初版第1刷発行

著　者　長谷部道明

発行者　深 澤 徹 也

発行所　株式会社メトロポリタンプレス

〒173-0004　東京都板橋区板橋3-2-1

TEL.03-5943-6430　FAX.03-3962-7115

http://www.metpress.co.jp

印刷・製本　株式会社ティーケー出版印刷

ISBN978-4-907870-10-2　C2275

Printed in Japan